音楽科授業サポートBOOKS

こなっしーの音楽授業をステキにする100のアイデア

小梨 貴弘

授業全般
歌唱
器楽
音楽づくり
鑑賞
学時活動

校外音楽会への参加
音楽集会
音楽のクラブ・課外活動
子どもとのかかわり方
校外の人々とのかかわり方

専科も学級担任も
使える秘伝(アイデア)が満載。

JN032704

明治図書

はじめに

　皆様，こんにちは！　こなっしーこと，小梨貴弘です。
　本書をお手に取っていただき，ありがとうございます。

　本書は，私が小学校の音楽教師として20年間の実務経験を通して得た100
ものアイデアを詰め込んだ，こなっしー版「音楽指導の秘伝・虎の巻」（！）
です。
　主に音楽の授業を専門に担当される「音楽専科」の先生を対象にしていま
すが，学級担任をしながら音楽を教えている先生にとっても，日々の授業で
十分お役立ていただける内容になっています。

　本書でご紹介するアイデアは，私が学校の音楽活動や自分の授業を何とか
魅力あるものにしようと，頭を捻って実践してきたものですが，中には様々
な文献に触れたり他校を見学したりして見つけた諸先輩方の実践を自分なり
にアレンジしたものも多く含まれています。
　ですので，
　「この方法はどこかで聞いたことがあるな」
　「そのアイテムは私も持っています！」
という方もおられるでしょう。
　大切なのは，そうした先人の教え方の知恵を，いかに謙虚に自分のスタイ
ルとして取り入れることができるか。そして，子どもたち，同僚の教師や学
校，地域や社会全体の実態や要請に合わせて，臨機応変にアレンジできるか
だと思います。
　本書を手にされた皆様も，この本から得たものを自分がやりやすいように
アレンジしていただき，音楽が大好きな子どもが1人でも多く増えるよう，
ご活用いただければと思います。

また本書では，第１章ですべてのアイデアに共通する音楽の授業づくりの基本的な考えをまとめ，第２章で100のアイデアを，学習領域や評価，あるいは行事，活動などに分類して紹介しています。

　各アイデアは多くの方に内容をご理解いただけるように，写真や図を多用して解説しました。ある程度はおわかりいただけるものと思いますが，より詳しくお知りになりたい場合は，私の今までの著書である，

●『こなっしーの低学年だからできる！　楽しい音楽！』

●『音楽科教育とICT』

　（ともに音楽之友社刊）

なども参考にしていただくとよいかと思います。

　また，音楽教育の情報交流の場として私が制作したホームページ，

●「明日の音楽室」

　（https://www.ashitano-ongakushitsu.com）

では，実践に関する詳細な解説とともに，本書でも取り上げている教材ファイル（ワークシート，PowerPoint スライドなど）や，音楽科校務文書ひな形ファイルのダウンロードも行えます。

　ぜひホームページも合わせてご覧いただき，お役立てください。

　それでは，皆様を音楽指導の「ステキ」なアイデアの世界へご案内しましょう‼

小梨　貴弘

CONTENTS

はじめに

鑑賞

常時活動

評価

学習環境づくり

教材教具

第1章

子どもを夢中にさせる
ステキな音楽授業を！

01 「楽しい」「美しい」を体感できる授業に

子どもの「音楽」に対するイメージの原点がこの時期に決まる

　私は，小学生のときにもつ「音楽の授業」に対するイメージがその子どもの一生の中での「音楽」そのものに対するイメージの原点になる，と考えています。子どものうちに「音楽」に対するよいイメージをもち，常に傍らに音楽がある生活を送ることができるようになることで，その子の人生は確実に豊かなものになります。

　そして，友達と声を合わせて歌ったり，楽器の演奏ができるように努力して成し遂げたりすることは，社会に出てたくましく生きていくために必要な「汎用的な能力」として，一生役立つものになるのです。

教師の表情・言動が，音楽に対するイメージを決める

　多くの子どもは，この時期に学校でしか音楽を学びませんので，音楽に対してどのようなイメージをもつかは，学校で授業をする教師の影響が非常に大きいと言えます。

　例えば，授業中に子どもが必要以上に大きな声で歌ったとします。それに対する教師の声かけとして，「（笑顔で）元気がいいねぇ，よし，次は綺麗な声が出せるかな！」と言われるのと，「（怒り顔で）なんでそんな怒鳴り声で歌うの？　もっと綺麗に歌いなさい!!」と言われるのでは，受け止め方が変わってきますね。子どもの多くは従順ですので，抗うことはしませんが，教師の放つ言葉をよく聞いており，その言葉の蓄積によって，良きも悪しきも音楽に対するイメージが形成されていくのです。

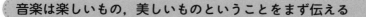

音楽は楽しいもの，美しいものということをまず伝える

　私は，小学校，特に低〜中学年の音楽の授業で一番大切なことは，ずばり「音楽って楽しい！」「音楽って美しいな！」というプラスイメージを子どもたちに植えつけることだと思っています。上手に歌うこと，鍵盤ハーモニカやリコーダーが上手に演奏できること，音符や記号を覚えることは大切なことですが，それはもっと後でも身につけることができます。しかし，音楽を聴いて楽しいと感じたり，美しいな，と感じたりする豊かな感性は，心のやわらかい小学生のうちにこそ，必ず身につけておかなければならないものなのです。

　高学年〜中学校の音楽を担当する先生が苦労する子どもの多くは，低〜中学年のうちにこのような経験が少なく，「うるさい」「下手くそ」「音痴」といった，教師の心ない言葉などによって音楽に対して悪いイメージをもち，音楽を感じ取ることを拒絶してしまった場合がほとんどです。

教師自ら音楽を感じ取り，体全身で表現して子どもを学びに導く

　では，授業を通して子どもが音楽によいイメージをもつためにはどうしたらよいか…。私は，その第一歩は教師自らが音楽を感じ取り，満喫している様子を見せることから始まるのだと思います。子どもたちは教師（大人）が本気で音楽と向かい合い，愉しんでいる姿を見て，「音楽ってきっとステキなものなんだろうな…」と思い，模倣を始めます。それを繰り返していくうちに，音楽の楽しさ，美しさとはどういうことなのかを自分なりに考え，「音楽＝ステキなもの」と感じるようになると思うのです。

　「教師は，五者（学者，役者，易者，芸者，医者）であれ」と言います。プロなんですから，羞恥心は捨て去るべき，音楽の時間は教師が「役者」「芸者」になって，その素晴らしさを，体を張って伝えていきましょう。

02 「アクティブ・ラーニング」を意識した授業改善の視点

アクティブな授業をつくる視点をもつ

　演奏や鑑賞といった音楽活動は，体全身の感覚・運動器官を駆使して行われます。ですので，子どもが音楽に合わせて楽しそうに歌ったり耳を澄ましたりしているのを見て，音楽の学習活動そのものがアクティブ・ラーニングだと勘違いする方もいるでしょう。しかし，指導に当たる教師はただその様子を眺めるのではなく，楽しい中にもしっかりとした学びがあることを常に意識し，子どもたちが本当にアクティブな状態で学習を進めているのかを，様々な尺度からチェックしていく必要があります。

　下に挙げるのは，私がアクティブ・ラーニングを意識するうえで心がけている授業づくり（他の先生の授業を見る）の視点です。チェックの数が多ければ多いほど，授業改善が積極的に行われていると言えるでしょう。

＜授業の導入，学習目標の把握＞

□1　魅力ある導入（雰囲気づくりや常時活動）の工夫がなされている。

□2　導入時に，本時の学習内容の趣旨に関連した伏線が張られている。

□3　本時の学習目標が子どもにわかりやすく提示されている。

□4　学習目標や課題に適度な抵抗感がある。

＜授業構成＞

□5　授業にメリハリがあり，音楽活動の時間が十分担保されている。

□6　音楽活動と言語活動の往還がバランスよく実現している。

□7　授業に山場があり，子どもが本時の目標への迫りを実感できている。

□8　授業構成に系統性や流れがあり，子どもが安心して活動している。

＜授業内容＞

□9　音楽を形づくっている要素やその働きに着目し，「音楽的な見方・考え方」を働かせることを意識した展開となっている。

□10　子どもの主体性が発揮できるように，授業構成，発問，場所，教材，教具などに工夫が施されている。

□11　子どもたちが言葉を通して学び合う，対話的な学習活動がある。

□12　子どもたちがさらに深く学びたい，と感じるための伏線が張られている。

＜教師の役割＞

□13　教師が説明・伝達するだけの展開に陥らず，喋りすぎていない。

□14　教師の発問が「質」「量」「タイミング」ともに優れている。

□15　教師は子どもの豊かな音楽表現を引き出すような声かけをしている。

□16　教師は，子どもの発言やつぶやきに寄り添い，生かそうとしている。

＜授業規律，学習環境＞

□17　挨拶や持ち物の約束，音楽活動のマナーなどが徹底されている。

□18　子どもが音楽活動に集中できるよう，教室環境が整備されている。

□19　教材や教具に授業の流れを保つための準備や工夫が施されている。

□20　〔共通事項〕をわかりやすく提示するための工夫がなされている。

＜授業の終末＞

□21　強引な結びや，まとめ出しで授業を終わらせていない。

□22　学習を振り返り，次時を楽しみにできるような投げかけがある。

＜特に重要視したい項目…ココが一番大事！＞

□　音楽の「楽しさ」や「美しさ」を味わう工夫が施され，子どもたちは音楽を満喫している。

□　音楽を学ぶ子どもたちの表情が豊かで，活発に活動している。

アクティブ・ラーニングを促す「要素」を授業に散りばめる

　下には，授業を構成する3つの視点（学習環境，授業形態・展開，言語活動の充実）からの，アクティブ・ラーニングを促す要素をまとめてみました。こちらも，要素が複合的に授業の中に含まれることで，アクティブ・ラーニングを意識した授業改善が進んでいると言えるでしょう。

音楽科授業におけるアクティブ・ラーニングを促す要素

アクティブ・ラーニングを促す A　学習環境

① UD の考え方に基づき整備された教室，教材・教具の活用

② ICT 機器・視聴覚機器の活用

③実物の活用（実際の演奏を聴く，実際の楽器に触れる，など）

④外部人材の活用（プロや地域のアマチュア演奏家の招聘）

⑤学習（演奏）機会，場所の活用（音楽会，音楽鑑賞会など）

アクティブ・ラーニングを促す B　授業形態・展開

①ペア・グループ・パート学習

②問題（課題）解決的な学習

③協調学習（知識構成型ジグソー法など）

④体験学習（和楽器・民族楽器の演奏体験など）

⑤調べ学習（作曲・作詞家の思いに触れ，演奏に活かす活動など）

アクティブ・ラーニングを促す C　言語活動の充実

①話し合い活動（隣席，グループ，声部・楽器パートなど）

②発表・説明活動（演奏で工夫した点や，鑑賞して気がついた点など）

③「音楽を形づくっている要素」への着目・活用

④「音の感じを表す言葉」の提示・活用（語彙不足への支援）

⑤ワークシートの工夫（書きやすい記述形式）

音や音楽を扱う「教科の特性」に留意する

　アクティブ・ラーニングを意識して授業改善を進めることで，教師の一方的な授業から，子ども主体の授業にシフトさせることができます。しかし，音や音楽を扱うという音楽科の特性を十分押さえないと，学習目標への方向性がぼやける，子どもの意欲が持続しないなど，授業が思わぬ方向に進んでしまう可能性があります。

　学習によって高まった子どもの姿を十分想定しながら，下に挙げる点に留意して，授業計画を立てる必要があります。

① 　授業時間の中に十分な音楽活動の時間が確保されているか（話し合いなどの言語活動に大幅に時間をさいていないか）。

② 　「課題」「問い」が子どもの解決欲求や達成要求に沿い，主体的に音楽活動をする源になるものであるか。

③ 　学習活動に必要な知識・技能の教授がしっかりと行われているか。

④ 　話し合いを活発化するために，教材や資料が，平易でわかりやすいものになっているか。

⑤ 　言語活動において，語彙不足を補う工夫がなされているか。

⑥ 　音楽や言語による表現が未熟な子どものための，学び合いの工夫がなされているか。

⑦ 　グループでの話し合いや演奏に集中するための，学びの環境は整備されているか。

⑧ 　言語表現だけでなく，言語活動を生かした音楽表現を評価できているか。

⑨ 　目標に準拠した評価（絶対評価）のために，適切な形成的評価が行われているか。

「授業のユニバーサルデザイン化」で 集中力アップ！

音楽の授業をユニバーサルデザイン化する

　子どもは様々な聴覚的特徴や音楽的な感覚をもち，日々生活しています。それらは，身体・精神といった子どもの内的な要因によるもの，または家庭の音環境や音楽に対する価値観といった外的要因によって形成されるものなど様々です。

　しかし，それらに個別に対応し，個々が感じる様々な障壁を取り除くよう配慮して授業を行う（＝授業のバリアフリー化をする）ことは，現在の音楽科の少ない授業時数の中では困難であると言えます。

　そこで，このように子どもの置かれる環境が多様化する中においては，はじめから学びにくさのある子どもがいるという前提のもと，ある程度の個別的な支援や配慮を，最初から学級全員に向けて行う（＝ユニバーサルデザイン化する）という発想が重要となります。多様な手立てを講じ，「○○しやすさ」を追求する授業デザインや学習環境を構築することで，結果的にすべての子どもにとってわかりやすい授業になることが，この「授業のユニバーサルデザイン化」の究極の目的であると言えます。

　私たちは日頃，たくさんの音に囲まれて生活していますが，意識してある音を聴くためには，集中力を必要とします。音楽の授業では，まさにこの「音を聴く」という行為が学習活動の中心になるのですが，より集中して音を聴くためには，聴覚以外の感覚を刺激する要因をできるだけ遠ざける必要があります。様々な刺激を取り除き，音の刺激に集中するという観点からも，音楽の授業をユニバーサルデザイン化することには意義があるのです。

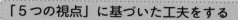

「5つの視点」に基づいた工夫をする

本書で紹介している各取組は，すべてこの5つの視点のいずれかに基づいています。

キーワード	視点	主な取組例
すっきり	余計な刺激の排除，合理的なものの配置など，学習に集中できる環境づくりをする。	・前黒板の掲示を減らす ・整然とした座席配置 ・楽器などをカバーで保護 ・マレットなどの分類収納
はっきり	学習のめあてを明示したり，発問や指示，表示はわかりやすく端的にしたりする。	・今日の学習目標の明示 ・発問の精選 ・書きやすいワークシート ・「音楽の素」の活用
見える化	ビジュアルシンカーに配慮し，ICTなどを活用しながら，視覚からも理解できるようにする。	・大型ディスプレイなどによる楽譜など教材の提示 ・イメージをつかみやすい教具の活用
つながり	授業の流れ，教材教具の扱い方などを共通化し，慣れたもので安心して学習に取り組めるようにする。	・授業のパターン化 ・持ち物（音楽ファイルや歌集など）の学年共通化 ・行事内容のパターン化
学び合い	主体性を引き出し，互いに認め合い，心から表現し合える雰囲気づくりを行う。	・活動に応じた学習規律 ・個に応じた声かけ，賞賛 ・主体的・対話的な学びを自然に生み出す授業展開

04 これからの音楽の授業に必要なこととは

「人間らしさ」を高める汎用的な能力を養う

　Society5.0と呼ばれる新たな社会の形成や，AIの普及などによって，子どもたちを取り巻く生活環境は日進月歩で変化しています。現在日本では，グローバル社会の激しい動きに柔軟に対応できる資質・能力をもった子どもを育成する大胆な教育改革が進んでいます。子どもたちが長い人生を送る中で，学校での学びはどんな意味をもち，どう役立つものなのか，もう一度原点に返って考えるべきときが来ているのです。

　私は，子どもたちの人間形成において音楽科が果たすべき役割は「しなやかな感性を養うこと」そして，「仲間と協働して物事に取り組んだり，つくったりする喜びを知ること」だと考えています。いずれも「創造性」や「社会性」「協調性」といったAIには決してできない「人間らしさ」を高める資質・能力であり，あらゆる社会活動に適応するための汎用的な能力であると言えます。

　また，昨今ではインターネットなどのオンライン教育の発達により，学校そのものの存在意義までが議論されるようになっていますが，音楽などの実技教科があるからこそ，ともに学び合う空間としての「学校」が必要であるとも言えます。たくさんの仲間たちとともに音楽をつくり上げていく協働作業や，音楽会などで心を一つにして演奏をやり遂げたときの感動体験は，人間として必要な「社会性」や「協調性」を養うための重要な機会であり，たくさんの個性をもった人間が同じ空間に集う学校だからこそ成し得ることなのです。

音楽の学びの「不易と流行」を考える

　新学習指導要領（令和２年度全面実施）では，「外国語教育」や「プログラミング教育」などが導入されました。各教科の授業時数に大きな変更はなかったものの，各学校では新しい学習内容に必要な時間を捻出するために，かなり窮屈な時間で教育課程が組まれています。

　このような中で，既存の教科の必要性や授業時数の配分にも議論が及び，旧態依然として価値を見いだせない教科の授業時数を見直そうとする動きは当然起こるでしょう。このような時代の波に押し流されないためにも，音楽科も教科のもつ「本質」はしっかりと押さえつつ，授業の方法や使用する教材教具は少しずつアップデートしていく必要があるのです。

　言い換えれば，「昔からずっと続いてきたから」という理由が通用しないのがこれからの時代であり，常に「なぜこれをやるんだろう？」ということを考えていく必要がある，ということです。校内音楽会，合唱コンクール，リコーダー，鍵盤ハーモニカ…これらは今まで慣習として続けられてきたもので何かしらのよさがあるのですが，大事なのは「なぜそれをやるのか？」と尋ねられたときに，明確な答えが出せるかです。音楽の学びの「不易と流行」を見極めながら，学校の音楽活動の一つひとつをしっかり見つめ直していきたいものです。

今までの授業の概念にとらわれない，「弾力的な学び」を行う

　子ども一人ひとりの主体的・対話的で深い学びを実現するために，これからは学びの「多様性」をより意識していく必要があります。

　学び方の多様性を考えるならば，ペア，グループといった学習形態を工夫することはもちろん，タブレット端末などの ICT 機器の活用や，外部講師の招聘，他教科との合科的な授業など，様々な学び方の選択肢の中から，子どもたちの実態や発達段階，学習の目標などに応じ，最も学習効果が得られ

るものを選んでいくことが考えられるでしょう。

　また，音楽そのものの多様性を考えるならば，今まで日本の学校音楽教育の中心となってきた西洋のクラシック音楽にとらわれず，日本の音楽や世界各地に伝わる音楽，電子音楽や偶然性の音楽など，様々なジャンルの音楽の中から，学習目標を達成するために必要なものを選んでいく必要もあるでしょう。音楽の多様性に意識を向け，そのよさについて考えるということは，他国，他民族など，あらゆる文化の価値を理解し，尊重するというグローバル社会での基本的な態度を養うことにもつながります。

　いずれにせよ大切なことは，学びは教師によって一方的にもたらされるものではなく，目的に向かって自ら手段を選んで行っていくものだということを子どもたちが意識できるようにすることです。そのために教師は，子どもたちを学びに誘い，目的に向かってともに伴走していく「ファシリテーター」としての役割が求められているのです。

「生」の音楽体験を大切にする

　多くの人にとって，様々な音楽や楽器の音色に触れ，そのよさを学ぶ体験は学校にいるときにしかできません。特に，日常生活の中では人が演奏する「生」の音や音楽に触れる機会はそうあるものではなく，その代わりに機器によって録音され，デジタル化された音を聴くことが一般化していると言えるでしょう。人間が奏でる音や音楽の本質的なよさを肌で感じ取り，生涯に渡る音楽活動の「礎」とするためにも，幼少期の学校での生の演奏・鑑賞体験は非常に重要であると言えます。

　パソコンやオーディオプレーヤーなどのデジタル機器を学びの手段として活用することはもちろん大切なのですが，その活用と同じくらい「生」の音や音楽に触れる体験を，音楽の学びの「不易」の部分として大切にしていきたいものです。

05 一生心に残るステキな 音楽行事＆活動に

行事や活動に「学校に来る楽しさ」を見いだす

　学校に来て学ぶことの楽しさとは何でしょうか。

　私はその答えの一つに「ともに活動（協働）する喜びを知る」ということがあると思います。音楽はまさにこの「協働」が活動の中心となる教科です。ともに声を揃えて歌を歌う，ともに楽器を演奏する…これらはすべて「学校」という協働作業の場があるからこそ成し得ることであり，今後も学校が存在し続けなければならない，大きな根拠となるものです。

　また，音楽の協働作業を達成したとき，人は大きな喜びと満足感を味わいます。そしてまたいつかみんなで同じような経験がしたい，という欲求は，学校に足を向かせる原動力となります。「音楽会」など，授業以外の学校行事などにも協働作業の成果を発表する場があり，身近な人に大きな拍手をもらえるのであれば，それはなおさらでしょう。学校の音楽行事や活動を大切にしていく，ということは，子どもにとっての「学校の魅力」を守っていくことにつながるのです。

表現をするからには「発表の機会」を設ける

　授業や課外活動で取り組んだ音楽表現は，活動時間の中でただ演奏するだけ，といった自己満足で終わらせるのではなく，できるだけ「誰か」に鑑賞してもらう機会をつくり，表現することの醍醐味を味わわせたいものです。様々な活動や行事が校内で行われている中で，このような機会を立案し実行することはエネルギーがいりますが，普段の音楽活動を通して子どもが大き

く変容していることを先生たちや保護者に感じてもらい，理解者，協力者を増やしながら実現に結びつけていくとよいでしょう。

　大切なのは，やるとなったからには決して発表する子どもたちに恥ずかしい思いをさせることがないよう，念入りに計画，準備をするということです。場の設定，照明，プログラム，進行，プロモーション…教師が行うこうした発表会へのお膳立てを子どもたちはしっかり見ています。準備が進む中で，逆に子どもたちに「これは本気でやらないと自分が恥をかいてしまう！」と思わせたらしめたものです。

　練習を重ねて緊張感を高めながら本番を迎え，演奏をやり遂げてたくさんの拍手をもらったときの感動は，次の音楽活動への大きな原動力となっていくでしょう。

行事や活動を通して「音楽文化」の向上を図る

　音楽の行事や活動を活性化させ，たくさんの感動経験を積んだ子どもたちを地域に送り出していくことは，学校の内外に音楽への理解者を増やし，地域の音楽文化を向上させることにつながっていきます。校内の活動の様子を発信していくことで，地域に住んでいる音楽家なども学校に関心をもち，積極的に協力してくれるようになります。また，学校が公民館まつりや市町村の文化祭などの地域の行事に参加していくことで，地域とのコミュニティー力を高めることにもつながっていくでしょう。

　音楽に携わる教師（特に音楽主任や音楽専科など）は，毎時間の授業を大切にしながらも，学校や地域の音楽文化を発展させる一翼を担っている，という意識をもちながら，校内の音楽活動全体を見渡していくことも大切になります。

様々な変化に応じて，行事や活動を「進化」させる

　毎年度学校で実施され，一定の評価を得ている行事や活動は，同じことを続けている方が楽であるため，手を加えようとすることはエネルギーが必要です。しかし，社会や時代の変化に伴い，如何せんそれらが陳腐化したり，何度も繰り返すことによるマンネリ化が生じたりします。大事なのは，続けていくことを基本に据えながらも時代や社会のニーズ，学校や子どもの実態に応じて少しずつ取組を進化させていく必要性がある，ということです。

　行事では，会場の照明を変える，客席の配置を変える，めくりプログラムを ICT や大型テレビによる表示に変えるなどが考えられます。また，活動では，組織（リーダー，係など）や活動環境（練習部屋，合奏隊形など）を見直す，などが考えられるでしょう。どんな些細なことでもよいので，毎年参加者が「あ，新しくなったな！」と感じることができ，新鮮な気持ちで行事や活動に臨めるようにすることが，それらを健全な状態で維持し続けるためのポイントであると言えます。

音楽を日々の学校生活の「潤い」づくりに活かす

　音楽は授業や行事，課外活動だけではなく，普段の学校生活すべてにおいて，子どもたちの心に「潤い」をもたらすものとして重要な役割を果たします。

　例えば，朝登校した後や，お昼の給食時の子どもたちの様子を思い浮かべてみてください。そこに何も音楽がなかったとしても，実務上は何も問題にもなりません。しかし，もしそこに放送委員会や学級の音楽係が，朝の清々しさを感じさせる爽やかな音楽や，お昼の会食の場を和ませる音楽を流していたらどうでしょう。

　それらは，無意識のうちに誰かの心の緊張をほぐしたり，生活のリズムを整えたりするものになるはずです。生涯音楽を傍らに置き，心豊かな人生を

送るためにも，生活の中に音楽があることの意味を考え，積極的に自分たち
の生活に取り入れることができる子どもに育てたいものです。

第2章　各アイデアの読み方・考え方

　それではいよいよ次項から，今までお話しした音楽の授業づくりの基本的
な考え方をもとに，アイデアの紹介をしていきます。各アイデアに共通して
記載されている「タグ」には以下のような意味があります。

適した学年 ▶ 全学年　　　難易度　★☆☆

　適した学年は主に対象とする学年を「低」・「中」・「高」学年，あるいは
「全学年」として表示しています。

　難易度は教師が実践する難しさを★の多さで示しています。

　★☆☆→比較的実践が容易で，経験の浅い先生でも簡単に取り組めます。

　★★☆→ある程度の経験が必要で，準備に時間を要します。

　★★★→専門的，実践的知識を必要とし，深い研究や綿密な準備を必要と
　　　　します。

ICT　UD

　ICT は，アイデアの中に，ICT 機器を活用する内容が含まれます。

　UD は，アイデアの中に「授業のユニバーサルデザイン化」に関する内容
が含まれます。→基本的な考え方は p.18～19をご参照ください。

第2章

音楽授業をステキにする
100のアイデア

01 年度はじめに担任の信頼をつかむ
授業インフォメーション＆お願い

適した学年 ▶ 全学年　　難易度 ★☆☆

令和○年度　　○○市立○○小学校
♪音楽♪　授業インフォメーション＆お願い

　今年度１年間、音楽の授業では大変お世話になります。今年度も本校の伝統である「ステキな歌声」の響く学校をめざし、音楽室の中だけでなく、学校中を音楽でいっぱいにする積極的な音楽教育活動を展開してまいりたいと思います。まずは先生方に音楽を好きになっていただき、学級内で積極的に音楽の持つ力をお役立てくださいますよう、お願いいたします。

♪1．音楽の授業の際は…（通常１〜３年生は教室、４〜６年生は音楽室で授業をします。）

(1)音楽室に持ってくるものを確認してください。（特に記用具を忘れないよう留意させて下さい。）

> ☆いつも持ってくるもの　※①〜⑤は音楽ぶくろに入れてくる。
> →①教科書　②音楽ファイル（後日配布）　③歌集　④リコーダー、⑤筆記用具
> ☆指示があるとき持ってくるもの（４〜６年生のみ）
> →けんばんハーモニカ　※手に持ってくる。

(2)音楽室に来る際は２列に並び、ろうかでは決してしゃべらずに音楽室に来てください。
　→慣れるまでは担任の先生が音楽室まで誘導してきてください。

(3)生徒指導の一環として音楽室に入る際に、名札の有無と忘れ物を確認します。該当者は必ず□□に自己申告させてください。

(4)授業開始時間に遅れないように移動を済ませてください。

(5)生徒指導等で、授業に遅れて参加させることはできるだけ避けてください。

(6)１〜３年生は担任の先生方の授業となりますが、指導法や授業内容、他学年との関わり等で分からない点がございましたら、遠慮なく□□までご相談ください。（授業や音楽会で使える教材やネタをご提供できます。）また、配布するCDを積極的にご活用ください。

♪2．各学級でお願いしたいこと

(1)朝の会や帰りの会など、学級活動に積極的に音楽を取り入れてください。

　→今月の歌や季節の童謡のCDやを各クラスにお配りしますので、できれば１日１回は、朝の会や帰りの会で歌うようにしてください。

(2)各クラスの「音楽リーダー」を、クラスでも活躍させてください。（４〜６年生）

　→学期ごとに各クラス２名程度で「音楽リーダー」を選出してください。（男女比は自由です。）
　→朝の会や帰りの会で歌う際に、指揮、伴奏、機械操作等で活躍させてください。
　→音楽の授業では、音楽リーダーが授業の進行においてリーダーシップを発揮します。各授業前に必ず次時の授業内容について、□□に確認するようにさせてください。

♪3．担任・専科間で情報を共有するために

・教室でトラブルがあった後で音楽室に来る際は、音楽室に誘導してくる際に内容を必ず伝えてください。
・音楽室であったことはできる限り先生方にお伝えするようにいたしますが、何か不明な点がございましたら、どんどん声をかけてください。

担任の先生に，音楽の持ち物，学級にお願いしたいことを事前に示す

　音楽専科や学年の教科担当として音楽の授業を受け持つことになったとき，年度はじめの授業開始前にしておきたいことは，学級担任の先生に向けて，音楽の授業の「授業インフォメーション＆お願い」を作成して配付することです。学級担任の先生は，この文書を元に音楽の授業の進め方や持ち物などについて把握し，教室で子どもたちに説明することができるからです。

　何事もはじめが肝心。教科担当として音楽の授業に関することはしっかりイニシアティヴをとるようにし，ただでさえ忙しい学級担任には余計な心配をかけさせないようにします。このような資料を，年度当初にまず配付することで，担任から「この先生なら音楽の授業を任せても大丈夫！」と感じてもらい，安心して教室から子どもたちを送り出してもらえるようにします。

音楽科に関する情報を網羅した冊子を配る

　この「授業インフォメーション＆お願い」とともに，以下に挙げるような文書をまとめた冊子をつくって配付することで，年度当初に伝えておきたい音楽科に関連する様々な事項について，先生方に情報を周知することができます（何かトラブルがあったときには「この冊子に書いてありますので」と言うこともできます）。

　年度当初冊子に掲載する文書の例は，次の通りです。

・音楽科全体計画
・音楽室授業時間割
・音楽朝会実施計画，今月の歌予定表
・音楽会実施計画概要
・音楽授業調整日一覧（次項参照）
・音楽系クラブ活動計画

02 年度はじめに授業時数をバッチリ確保する
授業調整日一覧表

適した学年 ▶ 全学年　　難易度 ★★★

令和○年度　6年生　音楽　授業時間調整日
～授業時数を確保・調整するため、下記の日は音楽の時間が変更になります～

＜基本日程（この期間授業を行います）＞
4/15（月）～7/19（金）、1/8（水）～3/19（木）…週1時間
8/26（月）～12/24（火）…週2時間

上記の週時間を基本としますが、次の日の授業を「実施」もしくは「なし」として時数を調整します。

	授業調整日	変更内容（①→1組②→2組③→3組）	備　考
1	8月26日（月）	全クラスなし	3時間授業
2	8月27日（火）	①→2時間目なし	3時間授業・学年時数調整
3	8月29日（木）	③→2時間目、②→3時間目なし	修学旅行
4	8月30日（金）	④→3時間目なし	修学旅行
5	10/31 木～11/9日	＜音楽会特別時間割…別紙参照＞	
6	11月12日（火）	①→2時間目なし	学年時数調整
7	11月18日（月）	全クラスなし（市音楽会出場クラスのみ+2）	学年時数調整
8	11月19日（火）	①→2時間目なし	学年時数調整
9	11月21日（木）	③→2時間目、②→3時間目なし	市音楽会（小梨出張）
10	11月22日（金）	④→3時間目なし	□□年休予定
11	11月26日（火）	①→2時間目なし	学年時数調整
12	11月28日（木）	③→2時間目、②→3時間目なし	□□出張
13	11月29日（金）	④→3時間目なし	□□出張
14	12月9日（月）	全クラスなし	学年時数調整
15	12月24日（火）	①→2時間目なし	学年時数調整
16	1月9日（木）	③→2時間目、②→3時間目なし	学年時数調整
17	1月10日（金）	④→3時間目なし	学年時数調整
18	1月14日（火）	①→2時間目なし	小梨出張
19	1月20日（月）	①→2時間目、④→3時間目に実施	①1／14・④24振替
20	2月10日（月）	①→2時間目に実施	学年時数調整
21	3月2日（月）	全クラス実施	学年時数調整
22	3月16日（月）	④→3時間目に実施	学年時数調整

※6年生は校内音楽会の学級練習で3時間（音楽2体育館1）、当日2時間、計5時間別にプラスになります。
※4月当初の予定では、上記の日程を除いた授業時数は<u>53時間（プラス3時間）</u>です。
　残りの3時間については、待機時数とし、お休みとなる場合は別途連絡いたします。
※行事日程の変更、□□の出張などにより、通常の時間に授業でできない場合があります。その場合の
　時間変更は、その都度御相談させていただきます。

年間の授業時数を調べ，授業の有無の一覧表を事前に示す

　音楽の年間授業時数は学年ごとに決まっており，計画的にこなしていかないと，年度の後半に時数が足りなくなって（余って）苦労することが考えられます。週の時間割や年間の学校行事計画は４月にはおよそ組まれていますので，運動会や音楽会などの行事に合わせて，授業の有無や増減を予測しておくことで，授業の確実な履行に生かすことができます。このような教科ごとの計画までは，教務の先生や担任の先生は手が回りませんので，授業時数の調整は教科担当が年度当初に行っておくと後が楽です。

授業調整日一覧表のつくり方

　まず，週ごとの予定表を３月までつくり，学校行事などを記入して授業ができない時間を調べ上げます。そのうえで各学級の授業時数を計算し，あまりにも多い（少ない）場合は，次の事項に留意して授業の間引き（追加）案を作成します。

①教科の年間指導計画に照らして時数に無理はないか。
②他の学級との授業進行上のバランスはどうか。
③音楽会などの学校行事を鑑み，授業を増やす（減らす）時期は適切か。
④（追加する場合）他の専科の授業が入っていないか。
⑤（追加する場合）体育など施設を使用する授業が入っていないか。

　でき上がった調整日案は必ず管理職や担任の先生に説明し，理解をいただいたうえで授業を始めましょう。また，授業が計画通りに実施できているかどうか月に一度は確認していきましょう。通常の時間割と異なる時間に授業を設定せざるを得ない場合は，表への記載の他，前週のうちにその旨を担任に伝えておくと，当日子どもが授業に来ないといった連絡ミスを防げます。

子どもにも自分にもフィットする
授業準備を楽にする時間割作成術

| 適した学年 ▶ 全学年 | 難易度 ★★☆ |

令和○○年度　○○小学校　音楽室　時間割

太字…毎週　斜体…時数調整あり

	月	火	水	木	金
1 8:50〜9:35 (8:40〜9:25)		3-1		6-1	5-1
2 9:40〜10:25 (9:30〜10:15)	4-3	3-2	5-3	6-2	5-2
3 10:45〜11:30 (10:35〜11:20)	4-1	3-3	5-2	6-3	5-3
4 11:35〜12:20 (11:25〜12:10)	4-2	6-1	5-1	4-2	3-1
給食　12:20〜13:05　歯みがきタイム　13:05〜13:10					
清掃　13:10〜13:25（火は簡単清掃）					
昼休み　13:25〜13:45（火は13:10〜13:45）					
5 13:50〜14:35 (13:20〜14:05)		6-2		4-1	3-2
6 14:40〜15:25 (14:10〜14:55)		6-3	クラブ・委員会 (14:50〜15:35)	4-3	3-3
放課後	①企画 ②職員会議 ③研推・生指推 ④研修	①学級学年 ②3連 ③④学級学年		①教育相談 ②生徒指導 ③研修 ④学級学年	

音楽の授業の理想的な時間とは？

　通常，全校の時間割は教務担当の先生が中心に決めていきますが，学年をまたぐ専科教員の授業や体育の時間を優先的に決め，その後で各担任が自分の学級の時間割を決めていくことが多いです。もし，幸運にも先に音楽の時間割を組むことを任されたり相談されたりしたら，次のことに留意して音楽の時間割を組んでいくとよいでしょう。

・**月曜日の1時間目は，できるだけ授業を入れない**

　月曜日の朝は，子どもたちも気持ちが乗りません。テンションの低いこの時間は避けた方が無難でしょう。ただ低学年では，あえてこの時間に音楽を入れて，気持ちを盛り上げる効果をねらう場合もあります。

・**月曜日にはできるだけ5，6年生の授業を入れない**

　月曜日は連休で，お休みになることが多いです。ここに授業時数の少ない高学年の授業を入れると足りなくなる場合があります。

・**朝会のある曜日の1時間目は授業を入れない**

　もし空き時間を設定できる余裕があるのであれば，朝会のある曜日の1時間目は，朝会の後で教師も子どももバタバタしてしまうので，授業を入れない方が無難です。

・**なるべく同じ曜日に同じ学年の授業を入れる**

　学年ごとに同一の曜日に授業を設定した方が，授業の準備がしやすくなります。曜日が分かれると，授業の進度に差が生じ，把握が難しくなります。一方で，授業の曜日を学級でずらすことで，前時の反省を活かして授業の質を徐々に高めていくことはできます。

・**声がよく出る時間は，4・6時間目**

　これは経験によるものですが，4時間目は昼食前でお腹に空間が生まれるためか，よく声が出る場合が多いです。6時間目も同様ですが，疲れてきているので，集中力は下がっており，騒がしくなることも多いです。

・**出張の入りやすい曜日の午後に留意する**

　出張の入りやすい曜日の午後は，調整が必要な場合が多く発生しますので，配置する学級の担任と早めに連絡を取り合う必要があります。

04 子どもの実態を上手に把握する
音楽授業アンケート

適した学年 ▶ 全学年　　難易度 ★☆☆

♪音楽　授業アンケート♭

年　　組　　番	ふりがな 名前	

Q1．ズバリ「音楽」の授業は好きですか？（どれか1つに○をつける）

　　・とても好き　　　・好き　　　・あまり好きではない　　　・好きではない

　　なぜ？→（　　　　　　　　　　　　　　　　　　　　　　　　　　　　）

Q2．音楽の授業で「たのしい」ことは何ですか？

Q3．音楽の授業で「にが手」なことは何ですか？

Q4．今までの音楽の授業や校内音楽会で演奏した曲で心に残っているものを、
　　おぼえているだけ書いて下さい。

Q5．（じゅく以外で）何か習いごとをしていますか？

　　・している（　　　　　　　　　　　　を　　　年間）　　・していない

Q6．小梨先生へのメッセージ
　　（私はこんな人です・こんな曲をやってみたい・こんなことをがんばる…など）

　（　　　）金管バンドクラブに入っています

年度はじめに，音楽に関する子どもの実態を把握する

　年度はじめ，特に着任したばかりのときは，今後の音楽科経営のために，まずは子どもたちの実態を把握することが大切です。

　そのために，初回の授業で，音楽に関する簡単なアンケートをとるとよいでしょう。アンケートの回答から次のようなことが浮かび上がってきます。

①音楽の好き嫌い
　　…音楽の学習全般への関心度，嫌いな子のチェック
②音楽で特に楽しい（苦手）と感じること
　　…領域ごとの嗜好の傾向の把握
③授業や音楽会で演奏した曲
　　…次回の重複の防止，演奏への興味関心のチェック
④習い事の種類と経験年数
　　…ピアノなど楽器経験やその他音楽経験の把握
⑤教師へのメッセージ
　　…子どもの個性の把握

　このアンケートを元に，まずは音楽への関心が高い子から積極的に声かけをしていきましょう。「ピアノ，ずいぶん長い間習っているんだね」「金管バンドでトロンボーン吹いているんだ」などと気軽に話しかけることで，子どもたちは先生が私たちのことを見てくれている，という安心感をもち，逆にたくさんのことを話してくれるようになるはずです。

　また，音楽を苦手に感じている子に対しては，どのようなことがつまずきになっているのかを何気なく聞いてみます。解決の糸口が見いだせれば，音楽が苦手，という先入観をすぐにでも取り払うことができる場合もあります。このように子どもとのコミュニケーションを活性化させることで，少しずつ学校の中に音楽の「味方」「仲間」を増やしていくことが大切です。

音楽授業への期待を高める
人形＆シルエットクイズ授業開き

適した学年 ▶ 低学年 ｜ 難易度 ★★☆

音楽が大好きなスペシャルゲストが登場！

　低学年での音楽の授業開きは，子どもたちに親しみのあるキャラクターのパペット人形などを使い，音楽の授業は何を勉強するのかを簡単に説明する楽しい人形劇から始めるとよいでしょう。人形に，自身の音楽経験と，音楽の魅力を語らせ，子どもを引きつけていきます。

T　　今日は初めて音楽のお勉強をするみんなのために，特別なお客様をお呼びしています。それでは，どうぞ！（教卓に隠れて人形を準備）

人形　みなさ〜ん，こんにちは！　（自己紹介…略）これから音楽のお勉強が始まるけど，○組のみんなは，音楽ってどんなことをするお勉強か，知っている？

C　　歌を歌うお勉強だよ。

C　　音楽を聴くのかなぁ？

C　　楽器を吹いたり，叩いたりするよ！

人形　そうだね。音楽の授業では，みんなで楽しく，たくさんお歌を歌った
　　　り，楽器を演奏したり，すてきな音楽を聴いたりするんだね。音楽の
　　　お勉強をすると，心がぽかぽか温かくなるんだ。

C　　私も，いっぱい歌うと，とても気持ちがいいよ！

シルエットクイズで歌の元気だめし

　　次に，いろいろな童謡に出てくる主人公を形どったカードを使い，シルエ
ットクイズをします。はじめは裏返して黒板に貼ります。何の形なのか正解
したものからひっくり返していき，その童謡をみんなで歌っていきます。

T　　次はね，みんながどれくらい
　　　いろいろな歌を知っているの
　　　か，試してみようかな。この
　　　不思議な形のカードには，み
　　　んながよく知っている歌の主
　　　人公が隠れているよ。何だか
　　　当ててみよう！

C　　ハイ！　そこにいるのは「ぞ
　　　うさん」です！

T　　どうかな？（ひっくり返して）…ハイ！　正解です。よ～し，みんなで
　　　元気いっぱいに歌ってみようか！
　　　（オルガンやCDなどで伴奏を流して，全員で歌う）
　　　（いくつか生き物の歌を歌った後，1年生のイラストを出して）

C　　あれあれ？　生き物じゃなくて，1年生が出てきたよ。

T　　あら，本当だ。じゃあ，「1年生になったら」を歌ってみようか！
　　　（元気よく「1年生になったら」を歌う）

座席指示で子どもの心をつかむ
BGM & プレゼン授業開き

適した学年 ▶ 中〜高学年　　難易度　★★☆

> ドラマティックな音楽と，ワクワクするプレゼンで座席を指示

　中・高学年に学年が上がって，年度はじめに音楽室で授業をするときは，まず音楽室前に子どもを整列させ，元気よく次のような声かけをしてから扉を開けて音楽室に招き入れます。

T　さあ，いよいよこれから素敵な音楽の世界へみんなを案内するよ！

T　テレビにみんなの名前が入った座席表が出てくるから，自分の席を見つけて座ってね。では，どうぞ‼

　パソコンには予め，授業のオープニングタイトルと座席表のスライド，そして，ディズニーの楽曲などのオープニングにふさわしい曲を挿入したプレゼンファイルを用意し，入室と同時にリモコン操作で自動的に再生するようにします。

C　うわぁ，これからどんな音楽の授業が始まるんだろう！

　目をキラキラさせながら，子どもたちが席を見つけて座ることができたら，授業のつかみはオッケーです‼

UD

07 みんなが席替えに納得（妥協？）できる
音楽室の神サマ

| 適した学年 ▶ 全学年 | 難易度 ★☆☆ |

赤（女子）

青（男子）

5−2　すわるところ

ピアノ

2	1	10	3	15		2	1	9	3	
6	5	4	17	13		12	17	4	9	6
18	8	10	16	15		14	7	5	14	
16	11	13	7			11	12	8	19	

席替えの結果に納得できるしくみをつくる

　音楽室で教室とは異なった座席配置で座る場合，席を独自に決めることになるのですが，自由に着席させることは非常に危険です。そうかと言って，すべて教師が決めるのでは，不平不満の矛先が教師に向きかねません。こんなときは，「音楽室の神サマ」が決める席替え方式を取ると，子どもたちは納得せざるを得なくなります。子どもたちが大好きな席替え。授業頻度を考えると，年3回程度が妥当でしょう。

①予め，席ごとに男女が交互になるように，座る位置のみ示しておく。
　（男女を交互に座らせた方が，同性同士の私語が少なくなる）
②写真左のような番号入りのカードを男女別にランダムに配る。
③「祈りなさい〜」と言いながら，写真右のスライドをテレビに表示。
④子どもたちは自分が受け取った番号の席に荷物を持って移動する。
⑤前回と同じ席だった子がいた場合はその子たち同士で席を調整する。

08 授業はじめ・終わりにけじめをつける
「教師」「仲間たち」への挨拶

適した学年 ▶ 全学年　　難易度　★☆☆

ともに学んだすべての人に「礼を尽くす」

　授業の始まりと終わりの挨拶は，教師の考え方によっていろいろなやり方があります。一概にどれがよいとは言えないのですが，挨拶をするのであれば，言う相手にきちんと伝わる，気持ちのこもったものにしたいものです。

　私は面倒でも，音楽の楽しさを伝えてくれた「教師」と，素敵な音楽をともにつくり上げた「仲間たち」にそれぞれ挨拶をするようにしています。

＜終わりの挨拶の例（挨拶する人に体を向け，相手の目を見ながら）＞

　係　「これで音楽の授業を終わりにします。先生ありがとうございました」

　全員「ありがとうございました」

　係　「皆さん，ありがとうございました」

　全員「ありがとうございました！」

ICT

09 1人1台PC時代に備える
ハイブリッド型音楽授業イメージ法

適した学年 ▶ 全学年　　　難易度　★★★

> 「学校」「家庭」それぞれでどんな学びができるのか，情報の収集を

　令和元年12月に発表された「GIGA スクール構想」，そして，令和2年の
コロナ禍での教訓から，学校と家庭両方で教育を受けることができるように，
1人1台の PC を活用したハイブリッド型の学習環境が急速に整備されて
いきます。これからの子どもたちにとって PC は，ノートや鉛筆のように
使えて当たり前な教具であり，様々な状況下で学習機会を保障するためのマ
ストアイテムになります。全員が PC を持って音楽室にやって来たときや
有事での自宅学習などに備え，音楽の授業ではどのように活用していくべき
なのか，知恵を絞らなければならないときが来ているのです。

　どこにいても学習に参加できる授業体制づくりが求められてくる中で，学
校でしかできないこと・自宅でも学習できることを考え，オンライン授業や
オンラインコンテンツ，学習者用電子教科書の活用など，ICT 機器を使った
様々な学習スタイルについて情報を収集し，少しずつ実践に取り入れていき
ましょう。

ICT

これからの授業のマストアイテム！
10 ICT ①音源活用法

適した学年 ▶ 全学年　　難易度 ★☆☆

ICT 機器で「音源」を扱うことで，利便性が飛躍的に向上する

　音楽を音源ファイルとしてパソコンやタブレット端末，IC レコーダーなどの ICT 機器で一元的に取り扱うことで，授業のスピード感を保ったり，より子どもの実態に応じた指導をしたりすることができるようになります。

・再生する曲を即座に選び出し，聴きたいところからすぐに再生する。
・子どもの様子に応じて，伴奏のテンポや調性を即座に変更する。
・子どもに寄り添いながら，教室のあらゆる場所から無線で音楽を再生する。
・演奏を録音したものを即座に再生し，すぐにフィードバックできる。

　パソコンやタブレット端末で録音する場合，標準の「録音アプリ」で十分対応できます。また，音源の速さや調性の変更には，「Audacity」，「Anytune」といった音源加工アプリを使うと便利です。

ICT

これからの授業のマストアイテム！
ICT ②映像活用法

適した学年 ▶ 全学年　　　難易度 ★★☆

「視覚情報」を上手に活用して学習効果を高め，業務効率化を進める

　これからは，大型ディスプレイ，プロジェクター，パソコン，タブレット端末といった，視覚情報を提示，管理できる ICT 機器を上手に授業に組み入れながら，授業を展開することが重要となります。音楽の授業でも，歌詞や学習目標・方法の提示，演奏などの映像資料の提示，スタイラスペンを使った歌詞や楽譜へのリアルタイムの書き込み，録画による演奏のフィードバックなど，活用方法を工夫することで，学習効果を高めたり，業務の効率化を図ったりすることができます。

これからの授業のマストアイテム！
12 ICT ③オンライン活用法

適した学年 ▶ 全学年　難易度 ★★☆

6年生
音　楽
第2回

インターネットを活用した環境づくり

　コロナ禍によって，学校の授業に「いつでも」「どこでも」という新しい学習環境の条件が見いだされました。今後も同じような有事に備え，「オンライン」での学びの機会を準備していくことが求められていきます。

　インターネットを活用したオンライン学習は，学習に取り組むタイミングや，学習の進め方，利用するインターネットのサービスなどによって，大きく次の表のように分けることができます。自治体や学校によってできることは異なりますので，自分の学校ではどの形態でオンラインによる学習を進めることができるのかをよく把握し，題材の特性や自分のスキルに応じ，できることから始めるとよいでしょう。

＜オンライン学習の様々な形態＞

	学習形態	学習の方法
オンデマンド型	教材配信型	ネット上で教師が課題を作成し，子どもは指示にしたがってインターネット上で回答したり，ノートにまとめたりする。
	学習動画配信型	教師が授業と同様の流れの学習動画を作成し，子どもは動画の中の教師の指示にしたがって，課題に取り組む。
	ネット教材活用型	ネット上にある様々な教育系サイトに直接アクセスし，そこでつくられた既存の学習コンテンツに取り組んだり，資料を閲覧しながら課題を解決したりする。
双方向型 同時	文字チャット型	文字や画像などを用いて，多数の子どもが互いに同時にやり取りをしながら課題を進める。
	映像同時配信型	カメラを用いて互いの様子を映し，通常の授業と同様に会話をしながら，同時に課題に取り組む。 （文字チャット型との併用もあり得る）

　また，インターネット上には音楽の授業に関連する様々な学習コンテンツが楽器製作会社や出版社などから提供されています。それらを上手に活用するのも，オンラインを用いた学習の一つの方法となり得ますので，良質なコンテンツを探しておくとよいでしょう（学習コンテンツは，著者 HP「明日の音楽室」の記事をご参照ください）。

　オンライン学習は，家庭における学びの機会を提供するものですが，学校とまったく同じ教育が実現できるわけではありません。学校でしかできない内容，家庭でしかできない内容を見極め，互いを補完する形で学習活動を進めていくことが大切です。また，オンライン上であっても，教師と子ども，あるいは子ども同士のコミュニケーションを大切にしなければならないのは言うまでもなく，教師は常に目の前に子どもがいることを意識して課題提示や学習動画の作成を行い，お互いを身近に感じながら安心して学習に取り組めるようにします。

＜コロナ禍での学校と家庭の学習内容の補完例＞

・リコーダー曲の旋律の動きや運指の確認を学校で行い，家庭でオンラインの伴奏を聴きながら練習する。
・家庭で予め曲を鑑賞して感じたことなどを各々がまとめておき，学校では友達同士で鑑賞した曲についての協働的な学びの活動を行う。

13 無理なく発声指導ができる
元気な声・美しい声・大人の声

適した学年 ▶ 全学年　　難易度　★☆☆

頭声的な発声だけが歌声ではない

　よく歌声＝頭声的発声と思われている方がいらっしゃいますが，頭声的な発声が唯一の歌い方，というわけではありません。例えば，民謡や演歌などは地声で歌うのが普通ですし，運動会の応援歌は，応援するという目的を達成するために元気な声で歌う方がよいでしょう。また，高学年になると変声期が始まりますが，無理をして高い音域を歌うより，1オクターブ低い「大人の声」で歌う方が，歌いやすく格好よく感じることもあるでしょう。要は，歌う目的やジャンル，また子どもの発達段階に応じて，歌い方には様々なバリエーションがあってよいのです。

　ただ，子どもたちが頭声を上手に響かせながら歌うことは，子どもたちにしかできない，汚れのない「至極の歌声」であることも確かです。いろいろな歌い方があることを認めつつ，美しい響きを生み出す「自然で無理のない歌声」を大事に育てていきたいものです。

14 自然に美しい発声へ誘う
声まね

適した学年 ▶ 全学年　　難易度　★☆☆

あ〜ら奥様！

イメージしやすい身近な「声」のまねで，出し方の感覚をつかむ

　低〜中学年では，元気いっぱいに歌う活動とともに，将来に備えて少しずつ，頭声的な発声のイメージをつかむことにも取り組んでいきたいものです。

　まずはじめは，頭声的な発声で話す身近な人や，キャラクターの真似をすることから始めるとよいでしょう。

　私がよく登場させるのは，「山の頂上の登山客」「電話に出るときのママの声」などです。

　「山登りは気持ちがいいなぁ。ヤッホ〜〜！」（ヤッホーのホーだけ伸ばしてごらんと促し，伸ばした音の響きをつかむ）

　「もしもし，あ〜ら，奥様！　お〜っほっほっほっほっ！！」（ほっほっほっほっのところで，腹筋がピクピク動く感覚をつかむ）

15 上顎の開け方をイメージできる
口形意識改革アイテム

適した学年 ▶ 全学年 ｜ 難易度 ★☆☆

明るい音色の歌声や声を出す方向をイメージする

　頭声的な発声による響きのある歌声をつくる際，明るい音色にするためには，上顎を上に開けて口腔の空間を広げ，声を出す方向を上向きに感じて発声することが重要ですが，このことを説明する際に私が用いるのがこの「ものまねキュウちゃん」です。本来この玩具は，喋り声を録音して九官鳥のようにまねをさせるというものなのですが，まねをする際に大きく開く「くちばし」の動きが，上顎を開けるイメージをつかむのにぴったりなのです。しかも，大きく見開いている目をまねすることで，眉毛を上げて上向きに声を出すイメージをつかむことにも適しています。

　この玩具以外にも，上顎を持ち上げる仕組みのパペット人形などを用いてもよいでしょう。何より，このようなアイテムを用いることで生まれる子どもたちの「笑顔」も，歌にはとても大切です。

歌唱

ICT

遠くに声を飛ばすイメージをつかむ

16 遠景パワポスライド

適した学年 ▶ 全学年　　　難易度　★☆☆

狭い教室の中で，広い空間を意識して歌えるようにする

　音楽室などの狭い教室で歌おうとすると，その空間で響かせることだけに満足しがちです。音楽会の本番などで体育館やホールなどで歌う場合には，練習のときからより遠くへ音を届かせるイメージをもって歌うことが大切になります。

　カーテンや窓を開けて，遠くに広がる景色に向かって歌う，という方法が一般的ですが，すぐ前が壁など窓の外の景色がイメージをもつのにあまり好ましくない場合には，大型ディスプレイに山々の連なる風景写真や実際のホールのステージから見た客席などの遠景の画像を，PowerPoint のスライドにして映してもよいでしょう。できればなるべく大きなサイズの画面に，奥行きが感じられる画像を映し出すのがポイントです。

ICT

17 喉を絞めずに声を前に飛ばす
歌詞パワポスライド

適した学年 ▶ 全学年　　難易度　★★☆

かたつむり

文部省唱歌

① でんでん むしむし
　かたつむり
　おまえの あたまは
　どこに ある
　つの だせ やり だせ
　あたま だせ

② でんでん むしむし
　かたつむり
　おまえの めだまは
　どこに ある
　つの だせ やり だせ
　めだま だせ

教科書などから目を離し，まっすぐ前に声を出すために

　教科書などの本を見ながら歌おうとすると，どうしても下を向いて喉が閉まり，響きのある歌声づくりに支障が出てしまいます。そのため今までは，模造紙などに歌詞を書いたり，大型印刷機で拡大印刷したりして掲示していましたが，とても手間のかかるものでした。これを解決するのが，PowerPoint を使って教室前面の大型ディスプレイに歌詞を映し出すという方法です。歌詞の言葉が多い歌は，番ごとや文節ごとに分けて文字を大きくしたスライドをつくり，歌の進行とともにスライドを動かしていきます（音源ファイルをスライドに貼りつけて自動的に流すこともできます）。

　歌詞がディスプレイに表示されることで，子どもの目線が集まり，自然と歌うことに対する集中力を高めることができます。

歌唱

響きを体感できるパワースポット
18 グランドピアノ&階段

適した学年 ▶ 全学年　　難易度　★★☆

時には「響き」そのものを実感できる体験を

　音楽室などの教室は，構造上，残響がほとんど感じられない場合が多いです。学校の中で響きがどんなものかをよりわかりやすく体感できるもの（場所）として，グランドピアノと階段があります。

　大屋根を全開にしたグランドピアノの周りに子どもを集め，音を出さないように鍵盤（一点ハ辺り）を押してラウドペダル（右側のペダル）を踏みます。押した鍵盤と同じ音高で歌うと，弦の振動による響きを体感できます。

　また，階段は手軽に残響を感じることができる空間です。響きすぎることもあるので，いつも行うのは逆効果になってしまう場合がありますが，時折気分転換も兼ねて，子どもたちを連れて行き歌うのもよいでしょう。ただし，歌声が校舎中に響き渡りますので，他学級の迷惑にならないよう配慮しましょう。

19 楽しく，無理なく楽器に出合う①
鍵盤ハーモニカ導入の工夫

適した学年 ▶ 低学年　　難易度　★★☆

楽しくわかりやすい導入で，鍵盤ハーモニカの学習に誘おう

　鍵盤ハーモニカは１年生で初めて学ぶ旋律楽器ですが，最近は入学前に演奏を経験してくる子どもがだいぶ増えてきました。しかし，きちんとした指づかいができる子から，「一本指奏法」（！）の子まで，実力は様々。経験のある子にも，「小学校での演奏の仕方」として，しっかりと基本的な奏法を指導していきましょう。

＜準備・片づけ，本体の確認＞
・付属品には必ず記名。使わない唄口は家で保管（または教師が預かる）。
・本体にホースを差し込む際，奥までしっかり入れ，向きに注意する。
・使用後はハンドタオルなどで唄口やホース入口付近の水分を必ず取る。
・年ごとにホースの状態を確認。状態によって買い換えを依頼（噛んでいる子がいるので）。

＜姿勢，構え方＞
・背筋を伸ばしてまっすぐ前を向く。（最終的には）なるべく鍵盤を見ないように演奏できるようにし，目線を前に向ける。

・ホースを使うときは，必ず左手を添える。

＜鍵盤への置く手の形＞

・手の中にボールを持っている感じ。または，猫が引っ掻くときの手の形。

＜指の動かし方＞

・指がよく動くようになる呪文

…両手の向かい合わせの指と指をくっつけ，下の言葉に合わせて他の指が離れないように気をつけて，小指から１本ずつ，トントントン…と，つけたり離したりする。

> こゆびとこゆびが　けんかして　くすりやさんが　とめたけど
> なかなか　なかなか　とまらない
> ひとたちゃ　わらう　おやたちゃ　おこる　ぷー！

わらべうた「こどものけんか」

＜タンギング＞

・鍵盤ハーモニカの言葉「ケンハモ語」を唱えてイメージをつかむ。

パターン１

トマトトマトトマト　トンボトンボトンボ　ともだちともだちともだち
トトロトトロトトロ　トラックトラックトラック

パターン２

トントントン　トントトトン　トートトン　トトートトン
トトトトトーン　トントトトントン・トントン

※初めは声を出して，２回目はひそひそ声で言う。

＜「ド」の鍵盤の位置の確かめ方＞

・「鍵盤には，綺麗な白い歯が並んでいるところと，歯が抜けて黒くなっているところがあるよ。２本歯が抜けているところを，右手でチョキをつくって触ってみよう」→「２本の歯抜けをチョキで触っているときに，お父さん指の下にあるのがドだよ」

…鍵盤と指の爪の部分に同じ色の丸シールを貼り，確認するのもよい。

20 楽しく，無理なく楽器に出合う②
リコーダー導入の工夫

適した学年 ▶ 中学年　　難易度　★★☆

楽しみにしていたリコーダーがいつまでも「楽しい！」に

　3年生になって始まるリコーダー。とても楽しみにしている子が多いのですが，何事も最初が肝心。指導上これだけは押さえておきたい，このように指導するとよい，という内容をまとめてみました。

　最初は指先がおぼつかない子も多く，習熟は決して一朝一夕にはいかないもの。「ゆっくり少しずつできるようになろうね！」という励ましの言葉を大切に，大らかな気持ちで指導に取り組みましょう。

＜準備・片づけ，本体の確認＞

・付属品には必ず記名。グリスなどは自宅で保管（よく落とし物で届く）。

・一度3つの部分に分解し構造を確認。足部管を必ず若干右に倒す。

・リコーダーカバーには，吹き口側から入れる（衛生上の配慮から）。

＜姿勢，構え方＞

・まっすぐ前を向いて背筋を伸ばし，腕の脇はテニスボールが挟まっているぐらいに開けて構える。

・椅子に座るときは背もたれに寄りかからず，座面の半分ぐらいに座る。

・左手が上を徹底するため，最初は右手で楽器の下部を持ち，左手の親指を立てて「イェ〜イ！」のハンドサインをつくり，そのまま親指の腹を後ろのトーンホールに当てるようにする。

＜指の当て方＞

・シの指の練習の仕方「オッケーサインをトントントン」（指で・楽器で）
・指の位置の確認→ぎゅっと指を押しつけて，指の腹の中央に「○」の跡があるか。

＜音の出し方＞

・掌を口の前10cm ぐらいの位置に置き，ふぅーっと息を吹きかけて，冷たさが感じられるぐらいの息のスピードで。
・上手に吹く魔法の呪文「シは静かに」「ラは楽に」「ソはそぉ〜っと」。

＜タンギング＞

・普通の音（ラ〜高いレぐらい）は「トゥー」，高い音（高いミ〜）は「ティー」，低い音（ソ〜ド）は「トォー」。
・練習の言葉→様々な言葉を「トゥ」に置きかえて練習する。
　①正しい英語の発音で「ワン・トゥー・スリー」（ツーではない）
　②お笑い芸人の挨拶「トゥース！」
　③リコーダー星人の挨拶「トゥトゥートゥトゥー！」（さようなら〜）

＜規律＞

・「止め」と言ったら口から離す。「休め」と言ったら指は当てたまま左に倒す。「超休め（！）」と言ったら，（左に傾けたまま）膝の上に置く。
・口から吹き口が離れない子がいるときは「ママのことが忘れられないバブーちゃんがいる！」と名指しせず，全体に向かって言う。

＜その他＞

・学校にアルト，テナー，バスリコーダーがあれば，教師が吹いて音を聴かせたり，大きさや長さを比べたりするとよい。
・頭部管だけでいろいろな音（鳥，風，汽車の音など）をつくり出すのも面白い。

音色にたっぷり親しむ
21 音楽室楽器ふれあいデー

適した学年 ▶ 全学年　　難易度 ★★☆

普段は来ない音楽室にある，様々な楽器の音色に親しむ機会をつくる

　普段教室で音楽の授業をする低学年の子どもたちのために，音楽室にある様々な楽器の存在を知り，音色に親しむことができる「音楽室楽器ふれあいデー」を実施するとよいでしょう。

　「木製」「金属製」「皮が張ってある」「鍵盤がある」などに分類された楽器を，①楽器は優しく扱う，②たくさんの楽器の音を出す，③一番好きな音色の楽器を見つける，といったルールを話して，自由に音を出させていきます。一通り音を出して，一番好きな音色を発表した後は，どういう基準で分類されているのかに気づかせるとよいでしょう。

　体験させたい楽器たちは例えば，次のようなものです。

　ピアノ，キーボード，木琴，鉄琴，小太鼓，大太鼓，和太鼓，ボンゴ，コンガ，ティンパニ，ハンドベル，シンバル，ウインドチャイム　など

器楽

22 不思議な楽器で興味を引き出す
スペシャル楽器タイム

適した学年 ▶ 全学年　　難易度　★☆☆

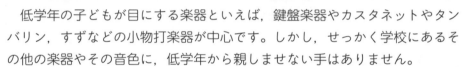

様々な楽器を教室に持ち込んで紹介し，音色に触れる

　低学年の子どもが目にする楽器といえば，鍵盤楽器やカスタネットやタンバリン，すずなどの小物打楽器が中心です。しかし，せっかく学校にあるその他の楽器やその音色に，低学年から親しませない手はありません。

　私は，１年生の１学期が終わるぐらいまで，授業の最後（３〜５分程度）に１日１つ，いろいろな楽器を紹介する時間＝スペシャル楽器タイムを設けています。音楽室には，低学年の子どもたちにとって変わった形の楽器や面白い音が出る楽器がたくさんあります。

　また，子どもが日常生活で使用する家具や文具，食器などが，ちょっとした工夫で，面白い音を出す楽器になるものもあります。

　これらの楽器を紹介し，楽器に興味や親しみをもたせていくと同時に，音色に耳を傾ける活動を通して「音への集中力」を高めていきます。

　左の写真に写っているのは，アゴゴベル，カバサ，スライドホイッスルといった特殊楽器やワイングラス（グラスハープ），ホースとろうでつくった手づくりホルンなどです。

器楽

貴重な楽器を大切にできる
楽器はモノではなく "人"

適した学年 ▶ 全学年 ・ 難易度 ★☆☆

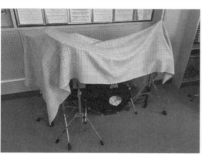 

楽器が奏でる音は「楽音」。大切にするからよい音が出る

　楽器は高価であり，できるだけ長く使い続けたいものです。楽器の価値を理解してもらうために私がよく話すのは「楽器は人」という考え方です。

　「大事に扱ってあげれば，よい音を出してくれる」

　「たくさん素敵な音を奏でてくれたのだから，使い終わったら綺麗にしまってカバーをかけて寝かせてあげる」

…このように慈しむ気持ちをもって楽器に接することで，子どもたちの楽器の扱い方が変わり，しいては楽器の演奏の仕方にもよい影響を与えます。

　また，楽器にカバーをかけて保管すると，いたずらっ子が通りがけに触って音を出す，ということもなくなります。

　楽器が奏でる音は「楽音」であって「騒音」ではありません。楽器をモノとして捉えるとどうしても荒い音になりがちです。教師の声かけ一つで，楽器の音色が一変します。

器楽

UD

24 木琴・鉄琴の鍵盤を汚らしく見えなくする
ドレミ…のつけ方

適した学年 ▶ 全学年 ｜ 難易度 ★☆☆

音板の階名表示は最小限に，でも視認性は高く，整然と

　本来，木琴や鉄琴の音板に階名をつけるのは，長い目で見るとナンセンスなのかもしれません。しかし，あった方がわかる子であっても安心して演奏できることは確かです。

　ただ，だからと言って，マジックで「ドレミ…」と教師の個性豊かな字で音板に直接描いていくのはできれば避けたいものです。

　私は音板に直接階名を描くのではなく，100円ショップなどで売っている直径8ミリ程度の白い円形シールに階名を書き，音板上部などのできるだけ響きや演奏に影響を与えない位置に，貼りつけるようにしています。黒鍵の位置の音板にはｂ形，♯形それぞれの階名のシールを貼ります（例：音板の左側にファ♯，右側にソｂ）。

　面倒でもすべての音板に貼りつけ，音板の長さに合わせてずらしながら整然と貼っていくことが，綺麗に見えるポイントです。

UD

25

ばちを上手に管理できる
水煮缶スタンド

適した学年 ▶ 全学年 難易度 ★☆☆

マレットなどを種類ごとにきちんと立てて保管する

　木琴や鉄琴のマレット，小太鼓のスティック，大太鼓のビーター…音楽で使う打楽器のいわゆる「ばち」には，様々な種類があります。それを上手に分類し管理するために活用できるのが，給食室などで使って不要となった，「水煮の業務用の缶」です。

　この缶を綺麗に洗って縁をビニールテープでコーティングし，側面にばちの種類を記した画用紙などを貼りつけます。木琴や鉄琴用のマレットは布製，プラステック製などで分け，「固い，はっきりとした音用」「柔らかい，弾みのある音用」などと記載しておくと，授業中子どもたちが必要な音色のマレットを選ぶときに便利です。

　持ち運びも容易で，ばちを立てて保管することで，出し入れもスムーズに行うことができます。

器楽

ICT

タブレット端末で楽器を疑似体験する

26 楽器アプリの扱い方

適した学年 ▶ 全学年 　　難易度 ★★★

題材の学習目標を達成するための，補助的なツールとして活用する

　タブレット端末用のアプリの中には，本物の楽器の音色と聞き違うぐらいクオリティの高い「楽器疑似体験アプリ」があり，授業で上手に扱うことで学習効果を高めることができます。これらのアプリを用いる際は，本物の楽器が少ないときに，体験の待ち時間に練習用として用いる，本物の楽器の「生」の音色をより深く味わうために対照物として用いる，音楽づくりのための作曲補助ツールとして用いるなど，使う目的を明確にして扱うことが大切です。

　写真は「iKotoHD」というアプリで箏を演奏している様子です。その他，「GarageBand」というピアノやドラム演奏のできるアプリもオススメです（ともに iOS 用）。

27 音楽づくりの授業を変える
３つの要素

適した学年 ▶ 全学年　　難易度 ★★☆

単なる「音遊び」を，価値ある創作活動に昇華させる

　音楽づくりの活動は，一歩間違えると単なる「音遊び」で終わってしまいかねません。以下の３要素が，常に活動の中に盛り込まれているかチェックし，子どもの思いや意図が確実に音や音楽の表現に結びつくようにします。

<目的・条件提示の明確化>

…最終的に何をつくるのか，どのような方法でつくるのかを明確に示すことで，子どもたちが様々な音や音楽と戯れながらも道に迷わないようにする。

<主体性>

…問いかけやワークシートを工夫することによって，創作意欲を喚起し，アイデアを出しやすくする。また，グループで活動する際は，リーダーシップの発揮や役割分担の明確化を図るなど，主体的に学習するための環境を整備する。

<共通事項>

…自己のイメージや感情と，音楽を形づくっている要素とその働きとを関連づけ，音楽に対する感性を働かせて，音楽づくりの工夫に生かす。

音楽づくりにふさわしい音を見つける

身体・身の回りの音素材の活用

適した学年 ▶ 全学年 ｜ 難易度 ★★☆

様々な「音」に触れ，操作する経験を重ね，音楽づくりに生かす

音楽づくりに用いる音には，楽器だけでなくあらゆる音素材の活用が考えられます。

表現したい音をつくり出すのに，どんな素材のどんな音を使えばよいのかが思い浮かぶよう，活用する経験を重ねていくとよいでしょう。

＜身体＞

・手…拍手，指を鳴らす，体や物を叩く・こする

・足…踏み鳴らす

・口…舌打ち，口笛，唇を震わせる（ボイス・パーカッション）

・声…言葉やオノマトペの組合せ，繰り返し

＜身の回りの物など＞

・食器…叩く（マレットや材質，大きさを変えて音質，音高を変える）

・ワイングラス…縁をこする（中に入れる液体の量を変えて音高を変える）

・ペットボトル…振る（豆などを入れてマラカス風に。材質で音質が変化），飲み口を吹く（フルートを吹くように。液体を入れ，音高を調節）

・動物の鳴き声，車の警笛など自然や街の中で聞こえる音…楽器で模したり，サンプリングアプリ（次項参照）を活用したりする

---

29 子どもの創造意欲をかき立てる
音楽づくりに役立つアプリ

適した学年 ▶ 中〜高学年　　難易度　★★★

ICT機器を効果的に活用して，音楽づくりの深い学びへ誘う

　タブレット端末用のアプリやウェブアプリの中には，音楽づくりに活用できそうなものがいくつもあります。ただ，授業用につくられたわけではないので，目標に迫るための用い方は教師のアイデア次第です。さあ，レッツトライ！　写真は，「Keezy」というアプリでパネルに音を録音しタップで再生している様子です。環境音でリズムづくりができます。

　その他，次のようなアプリもオススメです。

・「Polyphonic」9つの楽器サウンドループを組み合わせて曲をつくる。

・「Musyc」様々な図形の動きによって偶然性の音楽をつくり出す。

・「Chrome Music Lab」Googleによる音楽づくりウェブアプリ。

・「SoundForest」お絵描きの感覚でリズムの「木」を配置し，リズムループをつくる。

30 音楽づくりを通して育む
プログラミング的思考

適した学年 ▶ 全学年 　難易度　★★★

音や音楽を構成しながら，自然にプログラミング的思考を働かせる

　西洋音楽の構造はとても論理的であり，音楽を構成することと，コンピューターのプログラミングをすることの思考過程には共通点が多いです。ですので，今までも音楽づくりの授業の中では，プログラミング的思考（論理的思考）を働かせる場面が自然に設けられており，プログラミング教育が必修化された今後は，プログラミング的思考を活かした学習活動が計画されることも多くなるかと思います。大切にしたいのは，その思考を養うことが目的化しないように，あくまで「音楽活動」を中心に据え，プログラミング的思考を活かして，音楽的な試行錯誤を行っていく展開を考えることです。

　「Music Blocks」（Web アプリ），「ルーピマル」（iOS アプリ）といったアプリがありますが，使用するタブレット端末などの学習ツールに関しても，プログラミングを学ぶためにつくられたものだけではなく，音素材や音楽を楽しみながら構成できるものを上手に活用し，音楽の見方・考え方を働かせながら，思いや意図を実現できる音楽づくりの活動にしたいものです。

31 鑑賞の授業を変える
3つの要素

適した学年 ▶ **全学年**　　難易度　★★☆

鑑賞活動を成功させるためのチェックポイント

　音楽の授業で良質な鑑賞活動を行うためには，①子どもが音や音楽に集中するための環境づくり，②子どもが興味や意欲をもって耳を傾けるような，教師の問いかけ，③音を聴く観点を明確にするための〔共通事項〕の活用，が大切な要素になると言えます。

＜環境づくり＞

□　鑑賞中のきまりを示し，鑑賞前に静寂を生み出すことを心がけていますか。

□　教室外の音（廊下を歩く音，校庭での活動の音など）が子どもの耳に入らぬよう，扉や窓，カーテンを閉めるなどの遮音の配慮はできていますか。

□　子どもの視線の範囲内に聴覚刺激に勝ってしまう刺激物はありませんか。

＜問いかけ＞

□　「聴いてみたい！」と思うような，導入の工夫がなされていますか。

□　どんなことに着目して聴いたらよいかを，明確に伝えていますか。

□　鑑賞へ誘うように，声に変化をつけ，注意を引く問いかけをしていますか。

＜〔共通事項〕の活用＞

□　「音楽を特徴づける要素」に着目し，意識して聴いていますか。

□　着目した音楽を特徴づける要素やその変化を言語化し，曲想について理解を深める場面で活用していますか。

□　音楽を特徴づける要素の組合せや変化によって，曲想が生まれることを意識していますか。

32 6年間の流れをつかむ
鑑賞対象概観表「地域から世界へ」

適した学年 ▶ 全学年　　難易度　★★☆

学年	西洋音楽		日本の音楽		世界の音楽
	主な鑑賞ジャンル・形態	鑑賞対象楽器	主な鑑賞ジャンル・形態	鑑賞対象楽器	
1年生	標題音楽		家族や友達との遊びで歌われる「手遊び歌」「わらべ歌」		
2年生					
3年生	独奏、重奏	金管楽器	住む地域に伝わる音楽	お囃子の楽器	
4年生	声楽、オペラ	木管楽器	日本各地の民謡や郷土の音楽	箏・三味線・三線	
5年生	室内楽、吹奏楽	弦楽器	近代邦人作曲家の音楽、箏曲	尺八	（アジアの音楽）
6年生	大型管弦楽	オーケストラ全般	雅楽（日本の古典芸能）	雅楽の楽器	世界各地の音楽

6年間の鑑賞体験の流れをつかみ，指導学年の学習活動を考える

　西洋音楽の鑑賞では，わかりやすい標題音楽から独奏曲，室内楽曲，管弦楽曲と徐々に演奏規模の大きな楽曲になり，取り扱う楽器は中学年から金管楽器，木管楽器，弦楽器と広がり，最終的にオーケストラの楽器を網羅できるように配置されています。

　また，「日本や世界各地に伝わる音楽」という視点から教科書で扱う鑑賞曲を見ていくと，低学年では身近な人同士で歌う「手遊び歌」や「わらべ歌」の鑑賞から始まり，発達段階に応じて徐々に地域，都道府県，国，アジア，世界と鑑賞する音楽の対象地域が広がっていくのがわかります。

　上記はあくまで「およそ」のものですが，この学年ごとの段階的な鑑賞対象の広がりや移り変わりの流れをつかんでおくと，指導学年がどの位置にあるか，前後関係を考慮してより適切な指導を行うことができます。

33 子どもの想像力をかき立てる
「標題音楽」あれこれ

「音楽的な見方・考え方」を働かせて音楽とイメージとを結びつける

　物や生き物の様子や風景などを音楽で表そうとした「標題音楽」は，音楽を形づくっている要素やその働きを感じ取りやすい作品が多く，自分の心の中に思い描いたイメージと音楽を結びつけるといった鑑賞活動がしやすいです。作曲者が題名となる事象を表すために，どのような音楽的表現を用いたかを調べたり，逆に自分が音楽を聴いて感じたイメージは，作曲者がこのような音楽表現を用いているからだと理解したりするなど，音楽的な見方・考え方を働かせた様々な鑑賞の仕方を引き出すことができます。

　扱いやすい主な標題音楽は，次のようなものです。

- 「踊る子猫」「シンコペーテッド・クロック」（アンダーソン）
- 「口笛吹きと子犬」（プライアー）
- 「熊蜂の飛行」（リムスキー＝コルサコフ）
- 「動物の謝肉祭」より "象" "森の奥のかっこう" "白鳥"（サン＝サーンス）
- 「展覧会の絵」より "卵の殻をつけたひな鳥の踊り"（ムソルグスキー）
- 「ペールギュント」より "山の魔王の宮殿にて"（グリーグ）
- 「魔法使いの弟子」（デュカス）
- 「春の海」（宮城道雄）

34

子どもの鑑賞力を高める
「音」そのものを楽しむ活動

適した学年 ▶ 全学年　　難易度　★★☆

音への集中力を楽しく身につける「夏の音ビンゴゲーム」

　新学習指導要領では，生活や社会の中の音や音楽と豊かにかかわる資質・能力の育成を目指しています。自分の身の回りや，家や学校，街の中にある様々な「音」に焦点を当て，それらと豊かにかかわりながら生活を豊かにしていくことは，これからの音楽科の新たな役割の一つと言えます。

　私が「音」そのものへの関心を高めるために行ってきた活動の一つに，「夏の音ビンゴゲーム」があります。蝉の鳴き声や盆踊りの音など，季節特有の音をゲーム感覚で当てる活動を楽しく行うことで，集中して音を聴く感覚を自然に養うことができます。

①夏を連想させる音と画像を CD やインターネットなどで集める。
② PowerPoint で音声や画像をスライドに貼りつけ，紙芝居風に仕上げる。
③音だけを子どもに聴かせ，何の音かを当て，用紙にランダムに書き写す。
④作成したプレゼンを③とは違う順番で再生し，ビンゴゲームを楽しむ。

35 実体験を一生の思い出にする
音楽鑑賞教室の生かし方

適した学年 ▶ 全学年　　難易度 ★☆☆

「生」の音楽のよさを味わい，生涯役立つ鑑賞マナーを身につける

　自治体や学校によっては，プロのオーケストラなどの演奏家を地域のホールや学校に招聘して，音楽鑑賞会を開催するところもあるかと思います。せっかくプロの音楽家の演奏を身近に聴くことができるのですから，生の音楽のよさに触れ，味わうことができる絶好の学びの機会と捉えるべきです。

　当日の貴重な鑑賞体験の記憶をより確かなものにするためにも，事前に登場する楽器の名前や形状，音色などを学習したり，鑑賞した後に感じたことを言葉や絵でまとめたりするとよいでしょう。

　また，鑑賞会は音楽鑑賞のマナーについて学ぶよい機会でもあります。演奏中に音を出さない，立ち歩かない，寝ないことや，拍手の仕方やトイレに行きたくなったときの出るタイミングなどを知り，生涯に渡って役立つ素養を身につけましょう。

鑑賞

ICT

36 一人ひとりがじっくり聴ける
100均ヘッドフォン

適した学年 ▶ 全学年　　難易度　★☆☆

個人やグループで個別に鑑賞活動を行う際のマストアイテム

　タブレット端末などを用いて個人で鑑賞活動を行う場合や，後述する「イヤフォン・スプリッター」を併用してグループで鑑賞活動を行う場合に，100円ショップで販売されているヘッドフォンを活用すると便利です。

　音は決してよいわけではありませんが，音楽を聴くために十分許容できる品質になってきました。学級の人数分を揃えても5,000円もかからないこと，壊れてもすぐに代替物を購入できることなどが利点です。衛生面に配慮して「オンイヤー（耳に被せて聴く，タイプ）」を選ぶように気をつけましょう。

　グループごとに４〜５個ずつ入るようなケースを用意して管理すると，迅速に準備や片づけができます。同じ100円ショップで買える，300円や500円のヘッドフォンには，さらに品質がよいものもあります。

第2章　音楽授業をステキにする100のアイデア **071**

ICT

グループで音源を共有できる

イヤフォン・スプリッター

適した学年 ▶ 全学年　｜　難易度　★☆☆

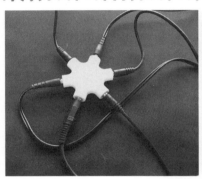

グループ全員で同じ音源の音を聴くためのマストアイテム

　音楽室の中で，グループごとにタブレットやラジカセを使って鑑賞活動を行おうとすると，他のグループの音が混ざって聴き取りにくくなります。それを一挙に解決したのが，この「イヤフォン・スプリッター」です。インターネットショップで500円程度で購入できます。

　6つに分かれた端子のうちの1つとタブレット端末やラジカセのヘッドフォン端子とをコードでつなぎ，残りの端子に各自のヘッドフォンからのコードをつなげることで，すべてのヘッドフォンに同時に音を流すことができます。

　このアイテムを用いることで，他のグループの音に惑わされることなく，自分たちの音に集中してグループ鑑賞活動を行うことができます。このアイテムを活用することで，逆に音楽室内が静まりかえります。時々，空いている端子に教師がヘッドフォンをつないで，聴取している内容を確認するとよいでしょう。

"挨拶"を常時活動にする
「はじまりの歌・おわりの歌」

| 適した学年 ▶ 低学年 | 難易度　★★☆ |

授業の雰囲気を整えるために，挨拶を「常時活動」に

　音楽の授業では，「挨拶」からすでに常時活動の一つとして捉え，音楽的要素を盛り込んで，楽しい始まりや終わり方にしたいものです。音楽的な「挨拶」にはいろいろなやり方がありますが，私が主に低学年の授業（1年生は2学期以降）をする際に歌っていた「はじまり（おわり）の歌」は，歌の途中に聴音やリズム模倣などのソルフェージュ的要素が含まれていて，歌ったり体を動かしたりしながら，ごく自然に音楽的な素養を身につけることができます。「はじまりの歌」は元気よく，「おわりの歌」は終わりらしくやさしくしっとり歌うとよいでしょう。

常時活動

39 授業の最初からノリノリになる！
リズムマシンリレー

適した学年 ▶ 低・中学年　｜　難易度　★☆☆

様々な「お題」をリズムマシンのビートにのって1人ずつリレー

　低・中学年の授業はじめなどの常時活動としてオススメなのが，この「リズムマシンリレー」です。やり方は至ってシンプルで，電子オルガンなどについているリズムマシンを鳴らして，教室の端から端まで1人ずつ決められた「お題」をクリアしていきます。お題の例を挙げます。まずは，8ビートのリズムにのって下の名前を言ってから「ポンポン！」と手拍子を入れて次の人に回します（例：「太郎」→ポンポン！→花子→ポンポン！…）。次は，フルネームを言って，「ポンポンポン！」と3回手拍子を入れます（例：山田太郎→ポンポンポン！→田中花子→ポンポンポン！…）。

　ポイントは，「リズムにのって言う」ということですが，リズムにのる感覚がつかめない子がはじめは必ずいますので，言い方を丁寧に教えてあげます。慣れてきたら，「次の友達の名前」「色の名前」「好きな食べ物の名前」とお題を変えたり，速度を上げていったりします。最後は教師も答えて楽しく「オチ」をつけます。

40 歌貯金で達成感を味わえる
ポケット歌集の効果的な使い方

適した学年 ▶ 全学年　　難易度　★☆☆

季節や行事，発達段階に合わせ，楽しむことを主眼にどんどん歌う

　常時活動で同じリズム遊びなどの活動を何度も繰り返していると，次第に飽きてしまう，ということが起こってきます。そこで，簡単で，継続的に，しかも飽きずに取り組める常時活動として，「歌集を使ってどんどん歌う」ことをオススメします。

　歌集には，季節の歌や童謡から流行歌に至るまで，子どもたちが楽しめる歌が数多く掲載されています。また，歌集に載っている曲の様々な楽譜に触れることによって，読譜力を高めるという効果も期待できます。伴奏が大変であれば，CDなどを積極的に活用しましょう。

＜「歌集」を使った常時活動の方法＞

・授業２回に１曲ぐらいの割合で新しい歌を歌っていく。

…１年間で20〜30曲程度になる。前時の既習曲を一度歌ってから新曲に取り組む。

・発達段階や季節，行事などと関連させて選曲する。

…お正月やひなまつり，運動会などの行事と関連させ，楽しく歌う。

・歌うたびに目次に「印」や「日付」などを書いていく。

…既習曲が増えていくことを実感でき，達成感を味わえる。

41 音楽の評価のエビデンスを確保する
普段の授業観察の積み重ね

適した学年 ▶ 全学年 　　難易度 ★★★

授業中の小さな評価の積み重ねが，客観性や信憑性を高める

　音楽は，いわゆる「テスト」などによって評価を数値化し，客観性をもたせることが難しい教科です。また，オーディションのように，一回きりの演奏などで評価を決定してしまうようなものでもありません。日々繰り返される授業の中で，子どもの学習の様子を観察して記録し，その積み重ねの中で，身につけるべき資質・能力への到達度や学習への意欲，音楽活動の中における言語活動の様子などから，総合的に判断して行うべきものです。

　また，評価をする際には子ども個人を規準とする「個人内評価」の視点を併せもつことも大切で，各題材の目標への到達だけでなく，日々の記録の中から長期的な伸びを捉え，評価していく必要があります。記録の蓄積によって客観性や信憑性を高め，誰にでもきちんと説明できる評価を目指しましょう。

42 音楽表現を多面的に評価する
様々な評価の手法

適した学年 ▶ 全学年 ｜ 難易度 ★★★

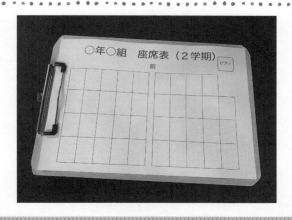

評価方法や記録のとり方を工夫し，評価の信頼性を高める

　音楽の授業で評価の中心となるのは，子どもの演奏，行動の観察です。書き込みにできる「座席表」などを自作して持ち歩き，活動を進めながら子どもの様子をサッと記録していきます。キラリと光る発言や，つまずいている様子なども随時記録していくとよいでしょう。なるべく早く記録できるように，また，子どもに覗かれても大丈夫なように，◎○，△▽，☆，！など，自分だけがわかる記号を決めるとよいでしょう。

　鑑賞・音楽づくりでは，ワークシートなどを使い，記述内容を評価する方法も考えられます。この場合，特に低・中学年は語彙が乏しいので，質問文は噛み砕いた言葉で何を答えてほしいのかを明確に示し，回答欄は書ききれるよう大きさに配慮します（p.94参照）。また，音楽に聴いて感じたことを絵に描いて表したり，音楽に合わせて身体を動かして表現したりするなど，様々な表現方法を検討し，その評価も大切にしていく必要があります。

43 授業の日常記録を促進させる
評価のための ICT 機器活用法

適した学年 ▶ 全学年　難易度　★★☆

様々な ICT 機器を活用し，日常的に記録をとる習慣を

　授業中，子どもの様子を観察，記録する際も，ICT 機器が威力を発揮します。ビデオカメラや IC レコーダーなどで授業の様子を流し撮りしたり，子どもが振り返りのためにタブレット端末などで自分たちの演奏を録画したりしたものを，後にパソコンやタブレット端末などで再生して，評価などに活用するのです。チェックしたい場面をすぐに再生できるのが，ICT 機器の強みです。

　また，子どもが演奏をする際には，伴奏をパソコンやデジタルオーディオプレーヤーの音源再生に委ねることで，教師はハンズフリーで机間指導をしながら，より入念に演奏の様子を観察することもできます。

　ただ，これらの活用は急に行おうとすると，子どもが緊張したりそのときだけ頑張ろうとしたりして，正確な評価ができません。普段の授業の中で，伴奏音源を積極的に活用したり，授業の締めくくりには必ず録画・録音したりするなどして，さりげなく行われるようにするとよいでしょう。

44 本番の演奏を自然に観察する
グループコンサート

適した学年 ▶ 中〜高学年 | 難易度 ★★☆

> 発表会の本番の緊張感の中で，集中して演奏する様子を観察する

　音楽の評価は普段の授業中の観察が基本ですが，本番のここぞ！というところで練習の成果をいかに発揮できるかを観察することも，一つの評価資料となり得ます。ただ，「テスト」と名づけると趣旨が変わり子どもたちは身構え嫌がりますので，「発表会」の形で，しかも3〜4人のグループで行うと，比較的安心して，目的意識をもって取り組むことができます。

　また，子どもが他のグループの演奏を観客として聴く際には，ただ漫然と聴くのではなく，「審査員」になったつもりで観点ごとに点数をつけ，よかったところを記述していくことで，集中して演奏を聴くことができます。記述したワークシートも「鑑賞」の評価の資料に加えます。演奏の様子を注意深く観察するために，ビデオカメラで録画するとよいでしょう。

45 Cをつける前に我を振り返る
子どもへの評価

適した学年 ▶ **全学年**　　難易度　**★★★**

「Cをつける＝自分の教え方が悪い」という謙虚な姿勢で評価を

　音楽の評価は，歌や楽器の「うまい，下手」を判定することが目的なのではありません。育成すべき資質・能力をすべての子どもたちに保障することを目指し，授業改善を行っていくための教師側の「努力目標」と捉えるべきです。

　例えば，

「鍵盤ハーモニカで豊かな表現をする」

という目標であれば，

・楽器の構え方

・唄口の当て方

・息の入れ方

・タンギングの仕方

など，目標達成のための手段の伝達がわかりやすいものであったか，を考えます。

　できている子が多いのであれば，教え方は適切だった，ということであるし，少ないのであれば，それは子どもに否があるのではなく，自分の教え方に問題があると考えます。

　「できる」子どもが一人でも増えれば，努力が報われたと喜ぶべきであるし，増えないのであれば，どこに問題があるのかを考え，改善したり同僚の先生に助言を求めたりしていきます。こうした改善の繰り返しによって授業力は向上し，良質な学習評価へと結びついていくのです。

46 効率的な評価に生かせる
タブレット教務手帳アプリ

適した学年 ▶ 全学年　　難易度　★★☆

教務手帳アプリを日々の評価に役立てる

　授業の評価にもタブレット端末を導入することで，評価の効率化と信憑性向上に役立てることができます。おすすめは「iDoceo（アイドーチェオ）」という iPadOS 用のアプリで，日々の評価を記録するのに役立つ「教務手帳アプリ」として以下のような場面で活用することができます。

①座席表による評価の記録
②名簿による評価の一覧表示，記録
③撮影，録音による評価の記録
④授業・行事予定の管理
⑤児童・生徒情報の管理と連絡機能
⑥ルーレットによる呼名補助，ドラムロール
⑦ Excel 形式の名簿の取り込み，書き出し
⑧ Google Classroom などオンラインサービスとの連携　他

　このように，このアプリは教師の教務全般に渡るあらゆる機能が網羅されています。特に机間指導をしながらタブレット端末を持ち歩き，画面の座席表に直接評価を記入していく，といった活用は効果絶大です。
　アプリ「iDoceo」についての詳しい説明は著者 HP「明日の音楽室」をご参照ください。

どんな活動をするのかをイメージする
機能的な音楽室配置

| 適した学年 ▶ 全学年 | 難易度　★☆☆ |

子どもが活動しやすく，教師が全体を把握しやすい音楽室に

　音楽室の配置は，教師の「個性」そのものです。前の先生がこうしていたから…ではなく，自分が理想とする授業に適した配置をしていきましょう。

　音楽室の配置を考えるうえで，ポイントとなる視点をまとめてみました。

＜グランドピアノの位置（教師の通常の位置）＞

→普通は正面向かって左右のどちらかだが，音楽会での伴奏を想定すると，右隅の方がよい。ピアノが得意な人や合唱を中心に指導する人で子どもとの距離をより縮めたい場合，前方中心に設置することもある。また，折衷

的に前方中心にオルガンを，隅にピアノを置いて指導する場合もある。いずれにせよ，弾きながら子どもの様子を観察できるように方向を微調整する。

＜座席の配置＞

…教室と同じ座席配置にすると指導は楽。席替えも教室に準じればよい。

…クラスを真ん中で大きく２つに分けて座席を配置し，二部合唱を想定した活動をしたり，左右の列ごとに４〜５人で班を組んで活動するのも楽しい。

＜音楽室の正面の向き＞

・黒板がある方が必ず正面，と考える必要はない。教師と子どもの距離を縮め，活動しやすい方向を正面にする。教室のように縦長にするよりも，横長に椅子を配置した方が，伴奏をしながら子どもの様子を把握しやすい。

＜机の配置＞

・楽器を演奏したり，体を動かしたりする場合，机が置いてあることが邪魔になることがある。ただし，低学年は机があった方が落ち着いて授業に臨める。また，鍵盤ハーモニカを演奏する場合は，逆に机があった方が吹きやすい。このような理由から，音楽室には机を置かず，低学年は教室で授業をすることが多い。

＜譜面台の使用＞

…歌唱や体を動かす活動を主体に授業を組み立てるのなら，通常は隅に重ねて置いておき，使うときだけ出して使用するようにする。

…リコーダーなどの管楽器を演奏するときには，あった方が姿勢はよくなる。

…折りたたみで軽量な物よりも頑丈な物の方が，不特定の子どもが使う授業での使用には適する。

＜大型打楽器の置き場所＞

・音楽会や課外活動などのためにティンパニなどの大型打楽器を音楽室内に常に置く場合は，活動する際に大きく移動させる必要がないように工夫して配置する。場合によっては，合奏をするときのみ，打楽器の位置に合わせて正面（指揮台を置く場所）の向きを変えるという方法もある。

UD

48 音に集中できる環境にする
刺激シャットアウト法

適した学年 ▶ 全学年　　難易度　★☆☆

刺激を減らし，聴覚への集中力を高める

　教室内が注意散漫を引き起こすような状態（必要以上の掲示物がある，窓の外の景色が気になる，ドアが開いていて廊下が騒がしいなど）であると，集中して音に耳を傾けることはできません。鑑賞の学習だけにとどまらず，友達の歌声や教師の範奏を聴くときなど，音楽の授業では，あらゆる場面で聴覚を研ぎ澄まして学習に取り組む必要があります。

　そのためにも，

・教室前面の黒板など，子どもの視線が集まる方向はできるだけスッキリさせる

・カーテンや廊下の扉を閉めて景色や音を遮断する

といった音に集中するための環境整備を行うことが大切です。

　また，外部刺激は室内の温度や匂い，日差しなど，突発的に変化する要因もあります（給食の匂いに私はよくやられます）。子どもたちの様子を観察し，臨機応変に対処することも大切です。

UD

癒やしの空間を演出する
グリーン音楽室

適した学年 ▶ 全学年　　難易度　★☆☆

> **学校の中で一番居心地のよい，心が解き放たれる空間をつくる**

　子どもたちが心を解放して豊かに音楽表現をするためには，活動する教室を心の安らぐ，居心地のよい場所にする必要があります。

　学校の教室にありがちな殺風景な空間にならないよう，次のような工夫を施して，子どもたちにとって安らげる空間を演出します。

- グリーンのカーテンや，観葉植物，フェイクグリーンなど，心の安らぐ調度品を教室内に多く配置する。
- 風景写真を掲示したり，休み時間に大型ディスプレイに川の流れや山々の遠景などの自然の景色の映像を流したりする。
- 季節感を感じられる掲示や植物を配置したり，大型ディスプレイの「壁紙」を季節によって変えたりする。

本格的な演奏発表ができる
音楽ホールへの変身法

適した学年 ▶ 全学年 ／ 難易度 ★★☆

ホールでしか味わえない本番の緊張感を，音楽室で実現する

　子どもたちにとって，本格的なホールで演奏する機会は，合唱部や吹奏楽部にでも入らない限りそうあるものではありません。ホールで演奏する際の独特な緊張感を，普段の授業でも味わえるように，音楽室をホールのステージのようにアレンジします。

　やり方は簡単です。

①遮光カーテンをつける。

②黒板の前などにステージを見立てた空間をつくる。

③室内を暗くし，スポットライトなどで照らす。

　この３つができれば，ホールっぽい空間ができあがります。側面に反響板を設置したり，背面の黒板をカーテンで見えなくしたりすれば，より本格的になります。些細な工夫ですが，演奏に花を添えるこうした演出によって，子どもたちのやる気や本番での集中力が俄然高まります。

　また，外部講師のミニコンサートを開く際などにも活用できます。

ICT

51 豊かな表現に生かす
季節感ディスプレイ＆ワンポイント装飾

適した学年 ▶ 全学年　　難易度　★☆☆

季節の雰囲気を感じ取って気持ちを盛り上げ，音楽表現に活かす

　音楽室などの教室は，元々無機質で肌寒いものですが，少しの手間でちょっぴり季節感を味わえる，温かみのあるお部屋にすることができます。例えば，四季折々の特徴的な風景や卒業式など季節ごとの学校行事にちなんだ画像を，大型ディスプレイで「壁紙」として表示したり，ワンポイントの飾りを扉や教室の片隅に設置したりする，などが考えられます。教科書や歌集に掲載されている童謡や唱歌には，季節にちなんで作曲された曲も多くあります。それらの学習と連動させ，豊かな音楽表現に活かしたいものです。

52 もう怖がられない
作曲家の肖像画効果的提示法

適した学年 ▶ 全学年　　難易度 ★★☆

作曲家の肖像画は常設するから「怖い」。それならば…

　学校の中の怖い場所に，よく「音楽室」が挙げられます。これはおそらく，掲示されてからかなりの年月が経って青白く色褪せた大作曲家の肖像画が，まるでにらんでいるかのごとく佇んでいることに原因があります。そもそも音楽室に作曲家の肖像画を貼っておかなければならないわけでもなく，必要なときに提示できればよいものです。

　そこで，鑑賞の授業の際に，鑑賞曲を作曲した人物の肖像画のみをPowerPointのスライドで表示する，あるいは休み時間などに，作曲家の肖像画のスライドを自動再生し，著名な作品の音源をBGM的に聴くことができるようにする，というのはいかがでしょうか。作曲家の皆さんも怖がられることは決して本意ではなく，この方が幸せなはずです。

53 楽譜の提示を効率化する
小節線引き目印

適した学年 ▶ 全学年　　難易度　★☆☆

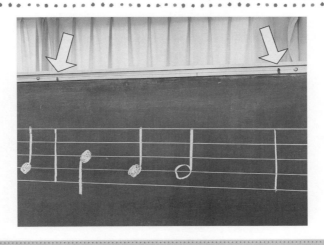

黒板・ホワイトボードの五線の小節を均等に引く

　音楽室の五線黒板やホワイトボードに楽譜を書いて提示するとき，小節線をどの位置に引けば小節が均等になるか迷うことがあると思います。そんなときに備え，予め黒板やホワイトボードの縁に，小節線を引くための小さな"目印"をつけておくと，急いでいるときでもサッと均等な小節線を引くことができます。

　ポイントは，３小節と４小節用に別々な色で目印をつけておくことです。それらの色を目安にして，６小節，８小節のための小節線を引けるようにしておきます。黒板やホワイトボードの五線の一段に収まる小節は，多くても８小節ですので，これらの印のみで十分です。

　また，五線の一番左側は音部記号のために小節の幅を多めにとっておくと，小節をより均等にすることができ，綺麗な楽譜に仕上がります。

54 荷物が邪魔にならない
椅子S字フック

適した学年 ▶ 全学年　　難易度　★☆☆

机を置かない音楽室で，自分の荷物にすぐにアクセスする一工夫

　音楽室では，子どもたちが速やかに音楽活動に取り組めるよう，なるべく机を置かないのが理想です。ただ，椅子だけを配置する場合，教科書などが入った音楽バックの置き場がなく，椅子の下に置くなどして中の物を取り出すのに苦労することがあります。

　そこで活躍するのが，100円ショップなどで購入できる「S字フック」です。このS字フックを写真のように椅子の後ろに結束バンドで固定し，そこに音楽バックの持ち手を引っかけてぶら下げるようにします。後ろを向いてバックを開ければすぐに教科書やリコーダーを取り出すことができ，とても便利です。

55 音高や音楽記号を楽しく学べる
音楽の階段

適した学年 ▶ 全学年　　難易度　★☆☆

毎日上がる階段の「蹴込み」部分を音楽で活用

　子どもたちにとって，音楽の記号や階名と音高の関係などを覚えることは，言葉を覚えるよりも大変と感じる場合もあります。できるだけ自然に，毎日の積み重ねの中で覚えられるようにと考えたのが，この「音楽の階段」です。階段を上っていくときは，必ず正面の「蹴込み」の部分が目に入るもの。それを生かして，蹴込み部分の一つひとつに，音高や音楽記号を記したカードを貼りつけていきます。

　階段を上がるたびに，ドレミ…と音も上昇するので，階名と音高の関係性をつかむことにも適しています。子どもたちはカードを見て階名を口ずさみながら，楽しそうに階段を上っていきます。JR岐阜駅には，上ると実際にドレミの音が出る階段が設置されているそうです。

56 情報量も見やすさも自由自在
大小2種モニター

適した学年 ▶ 全学年　　難易度 ★★☆

リコーダーのゆびづかい「シ」

シ

今日の学習のめあて

音色の組み合わせに気をつけながら、「まほうの音」をつくろう

小型モニターの内容例

大型モニター×2，大型モニター＋小型モニターでできること

　大型モニターを2台配置し，分配器で同じ映像を流すようにすると，座席からの視認性が向上し，とても見やすくなります。また，大型モニターには楽譜や歌詞などを映し，小型モニターには授業中常時提示する今日の学習目標や新出のリコーダーの運指を映すというように，モニターごとに映す内容を変えて表示し，情報量を増やすこともできます。パソコンやタブレット端末をそれぞれにつないで，上手に映し分けるとよいでしょう。

UD

サブ教材を上手に管理する
音楽ファイル

57

適した学年 ▶ 全学年　　難易度　★☆☆

楽譜やワークシートを貯めて，6年間の「音楽大事典」をつくる

　授業や音楽会で使用する楽譜や今月の歌の楽譜，あるいは鑑賞のワークシートなどは，「音楽ファイル」と名づけた1冊のクリアファイルにまとめて収納しておくと管理しやすいです。

　各クリアフォルダは，上から紙を入れるタイプよりも，横から入れるタイプの方がスムーズに出し入れができるようです。

・前半分は今月の歌の楽譜
・後半分は授業で使う楽譜やワークシート

というように入れる場所を決めると探しやすくなります。

　また，クリアファイルの表紙の色を学年で統一し，年度ごとに変えていくことで，6年間で6冊のカラフルな「音楽大事典」が完成します。

　「○年生のときに，こんな歌を歌ったなぁ」

と振り返ることができ，重宝します。

58 子どもが書き込みたくなる
穴埋め式ワークシート

適した学年 ▶ 全学年　　難易度 ★★☆

3年♪音楽ワークシート♪ 金かんがっきの音をきこう	**3** 年 組 名 前	

＜金かんがっきの音の出るしくみ＞

金かんがっきは、[　　　　　]のまん中をふるわせて音を出します。

すべての金かんがっきには、[　　　　　]という、くちびるをあてる入り口があります。

＜いろいろな金かんがっき＞

| [トランペットの絵]
 がっき名 | このがっきは、3つの[　　　　]をおしわけて、音の
たかさをかえます。

 音の感じ |

げっそりするワークシートから，書き込みたくなるワークシートへ

　音楽のワークシートを自作するときに必ず意識しなければならないことは，「何を書くのか」を明瞭にすること，そして，回答をある程度予想して発達段階に応じ書く分量を考慮した紙面のレイアウトにすることです。

　例えば，「～について思ったことを書きましょう」と問いかけるだけで，ただ四角い枠だけが紙面の多くを使っているようなワークシートは，特に文章を書くことが苦手な子どもにとっては，げっそりするもの以外の何物でもありません。求めたい回答のピントを絞って問いかけをし，短い言葉や文章で書き込むことができ，枠が埋まっていくことで達成感が得られるようなワークシートになるよう心がけましょう。記述にかかる時間はできるだけ短くし，音楽そのものを楽しむ時間を充実させたいものです。

UD

59 机がない音楽室で書く活動を効率的に進める
クリップボード活用法

適した学年 ▶ 全学年 ｜ 難易度 ★☆☆

「100均クリップボード」で"書くときだけ机"を用意する

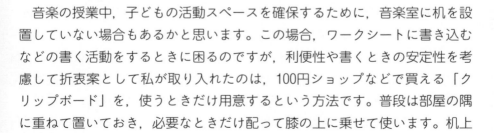

　音楽の授業中，子どもの活動スペースを確保するために，音楽室に机を設置していない場合もあるかと思います。この場合，ワークシートに書き込むなどの書く活動をするときに困るのですが，利便性や書くときの安定性を考慮して折衷案として私が取り入れたのは，100円ショップなどで買える「クリップボード」を，使うときだけ用意するという方法です。普段は部屋の隅に重ねて置いておき，必要なときだけ配って膝の上に乗せて使います。机上で書くほど安定はしませんが，時々使うだけなら，必要十分な方法です。

ICT　UD

60 語彙の少ない子を支援する
音の感じを表す言葉スライド

適した学年 ▶ 全学年　　難易度 ★★☆

心の中をうまく言い表せないときの「最終アイテム」

　授業中意見や感想を求めたとき，心の中には言いたいことはあるのだけど，語彙が乏しくて言葉が見つからずにいる子がいます。そんな子への支援として私が「時々」活用するのが，この「音の感じを表す言葉スライド」です。音の感じを表す言葉をたくさん貼りつけた PowerPoint のスライドを10秒おきぐらいに自動で流していくだけなのですが，その中から心に思い浮かんだものに最も近い言葉を選び，活用するようにします。

　とても便利なのですが，「最終アイテム」「時々」と記したように，この方法は常用するとそのスライドの中からしか言葉を探せなくなるなど，思考が硬直化する可能性もあります。子どもたちの思考の状況を見極め，「多用しない」「1回で長時間流さない」「言葉が思い浮かぶ人は見ない」といった一定の条件の下で活用すべきです。

UD

61 〔共通事項〕をいつでも確認できる
音楽の素

適した学年 ▶ 全学年　　難易度 ★★☆

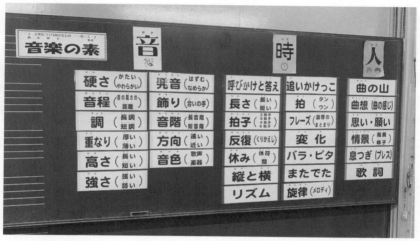

「音楽を形づくる要素」を「音楽の素」としてわかりやすく掲示

　〔共通事項〕アに示されている「音楽を形づくっている要素」は，音や音楽を，自己のイメージや感情などと結びつける，いわば架け橋となるものです。音楽のすべての領域の授業において，これらを軸に音や音楽を捉える視点を学習に活かしていくことが大切となります。したがって，この「音楽を形づくっている要素」は，授業中いつでも選択・活用ができるよう，カードにして，いつも同じ場所に掲示するなどしておくべきです。

　ただ，「音楽を形づくっている要素」という言葉自体は子どもたちにとってはわかりづらいものですので，「音楽の素」「音楽の種」など，音楽を形づくるということがイメージしやすい言葉に置きかえて提示するとよいでしょう。

62 「音楽の素」をスッキリ整理する
キーワード「音・時・人」

適した学年 ▶ 全学年　　難易度　★★☆

「音楽の素」のカードを色分けしてわかりやすく分類する

　前ページで紹介した「音楽の素」を黒板などに常時掲示する場合，数が多くなると煩雑になり，必要な項目を探すのに一手間かかります。

　また，ユニバーサルデザインの観点からも，言葉だけが雑然と黒板に並んでいるのは好ましくありません。

　そこで，音楽の素を，音楽が生まれるための主なファクターである，「音」「時」「人」で色分けして分類すると，子どもたちにとってわかりやすく整理することができます。

音（黄色）…音そのものの特徴に関する要素
　　　　　　（強弱，音高，調性など）

時（空色）…音楽の時間軸にかかわる要素
　　　　　　（音の長さ，拍子，リズムなど）

人（桃色）…音楽に対する人の行為や感じ方に関する要素
　　　　　　（曲の山など）

　この分類方法を用いると，見やすくなる反面，見方によっては複数にかかわりがあったり，別な分類に属したりする場合もあります。柔軟に解釈して用いるとよいでしょう。

63

音楽記号をスッキリ整理する
キーワード「音・時・人」

適した学年 ▶ 全学年 難易度 ★★☆

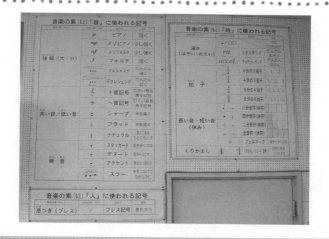

小学校で学ぶ「音符や休符，記号や用語」を分類して掲示

〔共通事項〕イに示されている「音符，休符，記号や用語」も，「音楽の素」の各項目と同じく，「音」「時」「人」に分類して表示するとわかりやすいです。こちらも音楽室内に掲示したり，縮小したものを音楽ファイルに入れておいたりして，常時活用できるようにするとよいでしょう。

> 音（黄色）…強弱・音部・臨時記号，アーティキュレーションなど
> 時（空色）…速度・拍子・反復記号，音符・休符
> 人（桃色）…ブレス記号

　この分類方法だと，複数にかかわりがある項目も存在するため，見方によっては別な分類に属する場合もあります。柔軟に解釈して用いましょう。

64 クラスの意欲や団結力を高める
やる気向上アイテム

適した学年 ▶ 全学年　　難易度　★★☆

歌声や演奏を「判定」して，クラスの「やる気」を高める

　音楽活動に対するクラス全体の意欲を高めていくために，演奏の内容を教師が判定（点数化）してさらなる意欲づけを図ることがあります。そのときに用いると効果的なのが，やる気向上系のアイテムです。子どもたちが演奏した後に，「それでは，ただ今の演奏の結果を発表します！」と司会調に話し，結果を知らせます。子どもたちはそれらの結果に一喜一憂しますが，なぜそうした判定になったのか，どうすればさらによい演奏になるのかを具体的に話してあげると，次回へのさらなるやる気につながります。

　写真は「○×ピンポンブー」を使ったものです。このようなアイテムは，商品の出入りが激しく，紹介してもすぐに廃盤になり，手に入らないことがあります。ショッピングモールのファンシーショップなどに行くと，同じようなアイテムを見つけることができますので，「授業で使えそうか？」という視点で商品をサーチし，ピンときたらすぐに購入しておきましょう。

教材教具

65 子どもの演奏に花を添える
行事盛り上げアイテム

適した学年 ▶ 全学年　　難易度　★☆☆

写真右上：舞台全体照明ライト（工事用ライトを流用）
写真左下：フットライト（LED 照明により，カラーを変更可能）
写真右下：ワイヤレスマイクとアンプ

音楽室の演奏行事を盛り上げる，効果抜群の演出アイテム

　音楽室でミニコンサートをするときには，音楽ホールさながらの照明演出を加えると，子どもたちの演奏がより引き立ちます。また，司会にマイクを持たせて拡声することで，コンサートのような進行の演出ができます。

66 強制的にテンションが上がる！
笑顔生み出しアイテム

適した学年 ▶ 全学年　　難易度　★☆☆

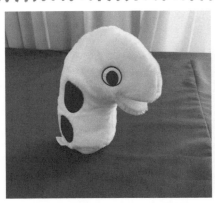 

写真左：言葉をまねて楽しく踊り出す「まねっこチンアナゴ」
写真右：合戦の合図でやる気をあげる「ほら貝」

クラスのテンションが「↓」なときに，強制的に笑顔をつくる

　音楽室に来た子どもたちの雰囲気が，明らかにおかしいと感じるときがあります。例えば，前時に担任の先生に叱られたとき，友達同士がけんかをしたとき，激しい運動をした後で疲れ果てているときなど。そんなときは，表情がなく歌声が小さいなど，活動が停滞しがちです。

　しかし，授業の流れ上どうしてもテンションを上げて取り組ませなければならない場合もあります。そんなときに活用したいのが「笑顔生み出し系」のアイテムです。音楽との関係性は低いのですが，面白い形や動作，音が，子どもたちに自然と笑顔をもたらしてくれます。

　このようなアイテムも，ファンシーショップなどで探し，ピンときたらすぐに購入しておくとよいでしょう。

67 QRコードを自作し，家庭学習に活用する
どこでも音楽室システム

適した学年 ▶ 全学年 　　難易度 ★★★

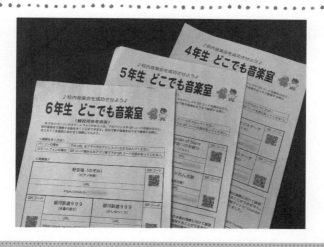

家でスマートフォンやタブレット端末で伴奏を聴きながら練習する

　子どもたちが自宅で歌やリコーダーなどの楽器を練習する場合，今までは無伴奏で行うか，自分でCDを探す，あるいは教師に相談して伴奏の音源を入手するしか方法がありませんでした。そこで，学校で配付する楽譜などのプリントに，伴奏音源が聴けるYouTube投稿へのリンクを貼ったQRコードをつけ，両親などが持つスマートフォンやタブレット端末のQRコード読み取り機能を使い，どこでも伴奏を聴きながら練習できる「どこでも音楽室」のシステムを考えました。家庭でのスマートフォンやタブレット端末の普及はかなり進んでおり，今後このような教師や子ども，あるいはその家族がもつICT端末を活用したBYOD（Bring Your Own Device）の取組はますます増え，利便性が高まるものと思われます。

（詳しい作成方法は筆者HP「明日の音楽室」の記事をご参照ください）

ICT

未来の教科書を先取りする
タブレット端末用電子教材の自作

適した学年 ▶ 全学年　　難易度 ★★★

> **タブレット用電子教材は，音楽の授業の可能性を大きく広げる**

　タブレット端末を学習者用電子教科書として活用することが現実味を帯びています。学習者用の電子教科書や教材は，専用のビューワーアプリで閲覧するのが一般的ですが，ビューワーで表示するファイルを自作することもできます。

　iPad 用電子書籍ビューワーアプリ「ブック」で閲覧するファイルを作成するアプリ「Pages」（Mac 用…無料）を用いると，電子教科書のような教材を，ワープロの文書をつくるように簡単に自作することができます。

　電子教材の利点には，「紙の本のようにかさばらない」「映像や音源も貼りつけられる」「リンクを使ったネットの情報へのアクセスも容易」などがあります。PC 1 人 1 台を間近に控え，このようなアプリがより一般化することが期待されます。

69 演奏を成功に導く
「感動」の方程式

適した学年 ▶ 全学年 ｜ 難易度 ★★☆

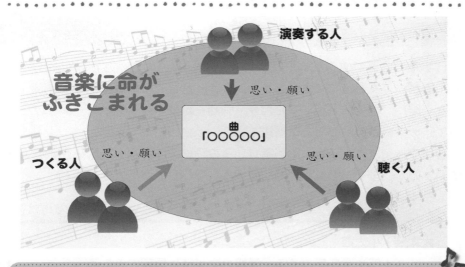

様々な人の思いや，聴いてほしい対象を意識した演奏を

　音楽会の演奏を成功させるためにまず大切にしたいことは，演奏にかかわるすべての人の思いを意識して取り組む，ということです。曲に込めた作詞家・作曲家の思い，長い間練習を重ねてきた演奏者の思い，演奏者の成長を陰から見守ってきた聴衆者の思い…それぞれの思いを互いが意識し合うからこそ，音楽に命が吹き込まれ，演奏が感動的なものになるのだと思います。また，音楽を聴いてほしい相手を意識せずに演奏すると，音が近くに落ちてしまい，会場の隅々まで音が届きづらくなります。

　「伝えたい人の方を向いて歌おうね」「一番後ろに座っている耳の悪いおじいちゃんにも伝わるように歌おうね」など，聴いてほしい対象を意識して演奏することが大切です。

70 子どもも教師も聴衆も安心できる
低学年の「楽器担当」の決め方

適した学年 ▶ 低学年 ｜ 難易度 ★★☆

普段の授業での様子を考慮して，人前での演奏に耐え得る人選をする

　低学年の合奏が成功するかどうかは，「楽器担当の選び方」にかかっている，と言っても過言ではありません。よほど音楽的に優秀な子どもが揃っていない限り，自由に挙手で選んだり，時間をかけてオーディションをしたりして決めるのは，やめた方が無難です。

　普段の授業での様子をよく観察し，その子にふさわしい楽器を教師が決めていく方が，後々子どもも教師も聴衆も，安心して演奏する（聴く）ことができます。

大太鼓・小太鼓
→リズム感や責任感のある，学級の中で特に信頼できる子
鍵盤打楽器（木琴，鉄琴）やオルガン，キーボードなど
→音楽教室に通っているなど，ある程度楽譜が読め，鍵盤に慣れている子
小物リズム打楽器（タンバリン，カスタネット，すずなど）や一発物の打楽器（シンバル，ウインドチャイムなど）
→鍵盤楽器が苦手だったり，生徒指導上配慮を要したりする子。演奏の成功体験が，苦手意識の軽減や，未知なる能力の開花につながることも…

---

71 希望者全員が納得できる
中・高学年の「楽器担当」の決め方

適した学年 ▶ 中〜高学年　　難易度　★★☆

楽器のぼしゅう・決定について

今年度の校内音楽会で演奏する「5年生オーケストラ」の楽器を次のようにぼしゅう・決定したいと思います。

1．楽器の割りふり・テストの日程について

		1組	2組	3組	4組	楽器テスト日
	リコーダー	20	20	20	20	テストは行いません
	けんばんハーモニカ	7	7	7	7	
テストで決定します	キーボード1		3			5－1→9月4日（火） 4時間目
	キーボード2		2			
	バスオルガン		1			
	グロッケン（小鉄きん）		2			5－2→9月4日（火） 3時間目
	ビブラフォン（大鉄きん）		2			
	シロフォン（小木きん）		3			
	マリンバ（大木きん）		1			5－3→9月4日（水） 5時間目
	和太鼓		2			
	しめ太鼓		2			
	あたり金		1			5－4→9月4日（火） 6時間目
	ティンパニ		1			

楽器テスト結果発表→9／6（木）朝　各教室

2度の希望調査で，本当のやる気を探る

　音楽会のときに最も神経を使い，心を痛めるのが，楽器をどの子どもに担当させるか，ということだと思います。ここでは，子ども（その後ろで応援している保護者）が納得できる，音楽会の楽器の決め方をご紹介します。

①はじめに，演奏する楽曲のリコーダーパート（鍵盤ハーモニカパート）を全員で練習し，曲の全体像を捉えさせます。

②リコーダー（鍵盤ハーモニカ）での演奏に慣れてきた頃に，曲で使用する他の楽器について，必要な人数や演奏の内容について説明します。

> ○○○小　5年生オーケストラ
> 第1回　楽器希望調査
>
> | 5年　　組　名　前 | |
> |---|---|
> | 希望楽器 | |
>
> ※リコーダー，けんばんハーモニカ以外の楽器を希望する人は，テストがあります。

③説明後に，1回目の「楽器希望調査」の用紙を配付します。この段階では，楽譜は見せず，やってみたいと思った楽器を自由に記入させます。

④１回目の楽器希望調査を集計し，学年全体でどの楽器に何人が希望しているかをまとめて表にし，どの楽器の倍率が高いのかを知らせます。

⑤使用する各楽器の楽譜を見せ，「演奏ができそうか」「倍率が高くても頑張れそうか」を再考させ，２回目（最終）の「楽器希望調査」を行います。

⑥２回目の希望調査の結果を発表し，楽譜を配り，練習を開始します。練習期間は２週間程度とし，主に授業時間や休み時間を使って練習します。

6年生オーケストラ　第1回　楽器希望調査結果

	定員	1組	2組	3組
リコーダー	クラス約20	4	4	2
鍵盤ハーモニカ	クラス約7	4	4	7
キーボード1	2		4	
キーボード2	2		8	
バスオルガン	1		3	
グロッケン	2		9	
ビブラフォン	2		1	

	定員	1組	2組	3組
シロフォン	3		6	
マリンバ	1		3	
ティンパニ	1		11	
ドラムセット	1		23	
タンバリン	2		5	
マラカス	1		4	
カウベル	1		8	
ピアノ	1		0	

クラス全員が見ている前でオーディション…自分の実力を知る

⑦オーディションは授業時間中に行います。個別ではなく「学級の友達が見ている前で」行うことがポイントです（他の友達の演奏を聴くことで，自分の実力を知り，落選した場合も納得しやすくなります）。音源を用意して，それに合わせて数人ずつ演奏するようにし，「奏法はどうか」「楽譜に忠実か」など，合否の判断基準になることを必ず一つは書き留めておきます。

⑧楽器の決定に際しては，過去の音楽会で演奏しているか，普段の授業態度，成績はどうか，なども考慮し，学級担任などと必ず合議で判断します。

⑨演奏者全員（学級，学年）の前で合格者を発表します。全員から拍手をもらうことで，合格した子どもは，責任を自覚します。

　オーディションとはいえ，子どもにとっては貴重な楽器の演奏体験。練習だけでも十分楽器の演奏を楽しめた，と思えるようにすることが大切です。

72 希望者全員が納得できる
「伴奏者」の決め方

適した学年 ▶ 全学年　難易度　★★☆

演奏技術，経験回数などを考慮して，複数の教師で総合的に判断

　音楽会などで教師を悩ますのが，ピアノの伴奏者。まったく希望者がいないのも困りますが，複数いるのも困りものです。保護者も家庭での練習の様子を見ているので思いがあり，安易に決めると苦情の原因になります。オーディションで決めるのが一番平等ですが，決める際は，①担任教師やピアノが得意な教師など複数の耳で聴く，②希望者が全員いる中で演奏する，③演奏を録音・録画する，④実力だけで判断せず，前回前々回など，今までの音楽会での伴奏経験を考慮する，などを行い，希望した子どもや練習を支えた保護者に対してしっかり説明責任を果たせるようにします。

　特に④は判断が難しいですが，学校の音楽会ですので教育的配慮が必要でしょう。結果を伝える際は，選ぶ側も心を痛めたこと，諦めずに次回に再挑戦してほしい旨を誠心誠意伝えましょう。

73 音楽会を盛り上げる
音楽会進行のアイデア

適した学年 ▶ 全学年　　難易度　★★☆

> 格調高い音楽会にするために，音楽会の「型」にこだわる

　たとえ校内の体育館であっても，「音楽会」と名のつく会をするからには，その進行においても，ホールで行われる音楽会と同じような雰囲気を味わえるような工夫をしたいものです。

①**司会の工夫**…子どもが司会をする場合も，司会風のきちんとした話し方を。
　「本日は○○小学校，校内音楽会にお越しくださり，ありがとうございます。私たちは本日の司会を務めます，6年○組の○○と○○です…」

②**開始を知らせるベル（ブザー）音**
　　…音楽ホールさながらの荘厳な音をネットなどで見つけ，開始前に流す。

③**開始前のBGM**…音楽会が始まるワクワク感を演出できる素敵な音楽を。

④**音楽に集中するため，私語がある間は演奏を始めない。**
　　…音楽会は「音楽を聴くマナー」を学ぶ場でもあります。指揮をする教師に，礼をした後でも私語がなくなるまで演奏を始めないように伝えます。

74 視覚情報で音楽会に花を添える
体育館壁面スクリーン

| 適した学年 ▶ 全学年 | 難易度 ★★☆ |

スクリーン設置＋プロジェクター照射で実現する「電子めくりプロ」

　体育館前面の壁面に白地のスクリーン（自作可，ネットで安価で購入可）を設置し，直下にプロジェクターを設置して照射することで，音楽会のプログラムや司会や伴奏者の顔写真など，遠くからでは見えづらい情報を拡大して表示することができます。情報は PowerPoint のスライドを作成し，ボタン一つで流れるようにすると効率的でしょう。

　暗幕などで体育館全体を暗くする必要がありますが，子どもたちの演奏に花を添える視覚情報の追加は効果絶大です。

75 演出を加えて演奏を盛り上げる①

おそろいの衣装や振りつけ

適した学年 ▶ 全学年 　　難易度 ★★☆

素敵な衣装や振りつけを加えて，ビジュアル注目度をアップ！

　演奏する曲にちなんで何らかの衣装や飾りを全員が揃えることで，演奏に花を添えることができます。手づくりでもよいのですが，最近は100円ショップでも演出に使えるような質の高いパーティーグッズがありますので，準備時間短縮のために，こうしたものを使うのも一つの方法です。

　また，演奏の途中でステップを踏む，手拍子をする，あるいは演奏の最後に同じ方向を指差したり，リコーダーを向けたりしてキメのポーズをつくるなど，子どもたちが楽しく簡単にできるような動作をつけるのも，可愛らしさやかっこよさを演出するためにぜひ取り入れたいものです。

　ただ，気をつけるべきは「やりすぎないこと」。あくまで音楽で勝負するのが基本です。

演出を加えて演奏を盛り上げる②

セリフや寸劇

適した学年 ▶ 全学年　　　難易度　★★☆

曲のテーマやストーリー性を生かし，セリフや寸劇で花を添える

　音楽会に選ばれる曲の中には，テーマ性が感じられたり，身近な人や動物が主人公でストーリー性があったりするものがあります。そのような曲を取り上げる場合，簡単な曲の紹介や寸劇を加えることで，演奏を引き立てたり，発表全体をほのぼのとした楽しいものにしたりすることができます。

　紹介や寸劇の方法としては，

①演奏前に数人の子どもが，曲を通して伝えたいこと，表現したいことを述べる

②曲の前後や間に，曲にちなんだ役柄に扮した子どもたちが登場し，セリフを言ったり，演技やダンスをしたりする

などが考えられます。

　あくまで「演奏」がメインですので，それらを加える場合は，時間は短く，手間をかけず，やりすぎないことが大切ですが，このような演出を加えることで，演奏する子どもたちの意欲や聴衆の集中力を高め，演奏者と聴衆が一体となって音楽を楽しむ雰囲気をつくり出すことができます。

校内音楽会運営

77 演出を加えて演奏を盛り上げる③
演出のための曲簡単アレンジ法

適した学年 ▶ 全学年   難易度 ★★★

「うきうきぼし」　　　　　　　　　　　　「めそめそぼし」

「のりのりぼし」　　　　　　　　「のりのりぼし」のリズムパターン

小太鼓

大太鼓

簡単な編曲を加えて曲を物語風にボリュームアップ

　低学年の演奏できそうな曲（特に合奏曲）は，そのまま演奏するとあっという間に終わってしまいます。それらの曲に演出を加えるオススメの方法は，拍子や調性，リズムを変えるだけの簡単な変奏曲をつくり，曲ごとに家族や友達といったキャラクターを設定し，発表全体を物語風にしてしまうことです。音はほとんど同じなので演奏が楽な分，子どもたちは一つひとつの変奏曲をまるで別な曲のように，表情豊かに演奏できるようになります。

　次は，教科書に載っている「きらきらぼし」に変奏曲を加えて演出する例です。

①きらきらぼし（パパ）…教科書に載っている普通の「きらきらぼし」

②うきうきぼし（ママ）…4分の3拍子，ダンスが大好き

③めそめそぼし（息子）…短調（ミ・ラに♭）ママに怒られ，悲しい

④ちびくりぼし（娘）…オクターブ上，きらきら星の弟で，まだ1歳

⑤のりのりぼし…8ビートつき，隣の家のミュージシャンのお兄さん

※①→②→③→④→⑤を鍵盤ハーモニカで演奏した後，最後に大太鼓や小太鼓，鍵盤打楽器などを入れて合奏で①を演奏する。

78 演出を加えて演奏を盛り上げる④
関連する画像をスクリーンに

適した学年 ▶ 全学年　　難易度　★★☆

スクリーンに様々な視覚情報を映し出し，演奏に花を添える

　子どもたちの演奏に花を添えるために，様々な視覚情報を舞台側面のスクリーンに投影するのも効果的です（スクリーンの設置→ p.111参照）。イラストや風景など曲の内容にちなんだものや，曲名，司会者，伴奏者，指揮者のポートレートなどの音楽会の進行にかかわるものなどを PowerPoint のスライドにして映し出します。

　ただし，演出効果がある反面，視覚情報にインパクトがありすぎると，子どもたちの演奏を落ち着いて鑑賞できないことも考えられますので，曲の性格によっては演奏中に表示しないなど，演出の工夫が必要です。

79 安心して演奏できる
子どもに伝わる指揮法

適した学年 ▶ 全学年 　　難易度 ★★☆

子どもたちを引きつけ，安心して演奏できる指揮を！

　指揮の振り方は曲想にもよりますが，打点（ボールが落ちて跳ね返る点のイメージ）をしっかり表し，拍感を出すことで曲の速度を感じやすくすることが重要です。右手を使って胸の前中央付近で指揮をし，左手は必要に応じてクレッシェンド（掌を上にして腕を上げる）やデクレシェンド（掌を下に向けて腕を下げる），音の入りや音の終わりの合図の表現を行います。足はできるだけ開かず膝は折り曲げない方が，指揮をしている姿が格好よく見えます。

　指揮棒は，大人数で演奏をする際に指揮の視認性を高めるために使用するものですので，小柄な方であれば，隅々まで指揮が見えるように指揮棒を使うべきでしょう。また，重要なのが指揮者の表情です。まずは指揮者が笑顔をつくって，子どもたちの緊張をほぐしましょう。特に歌唱曲の場合は，できることなら指揮者も声には出さずに一緒に口を動かして歌い，子どもたちが指揮を見ながら安心して歌えるようにしましょう。

80 安心して演奏できる
子どもに聴こえる伴奏法

| 適した学年 ▶ 全学年 | 難易度 ★★☆ |

> 緊張する子どもたちの心理を読み，一人冷静な伴奏を心がける

　たくさんの人たちが見ている音楽会は，普通は誰でも緊張するものです。特に，経験の少ない低〜中学年の子どもたちは，緊張や興奮のあまり自分が歌ったり演奏したりすることだけに夢中になり，周りの音が耳に入りづらくなります。

　伴奏者は，このような子どもたちの心理を予め想定し，子どもたちの隅々まで伴奏が聴こえるよう，音量を大きめに，はっきりと演奏すること，あるいは，子どもたちの演奏に注意深く耳を傾け，伴奏の速度を微調整することなどを心がけなければなりません。このとき，子どもたちの声に合わせ，心の中で一緒に歌いながら伴奏すると，音がずれにくくなります。

　また，体育館などの広い空間では生音だけでは音が届きづらいので，ピアノ付近にマイクを設置して，伴奏の音量を増幅するなどの工夫も必要でしょう。

ICT

81 舞台上の伴奏者の不安を解消する
ピアノから指揮が見えるよシステム

適した学年 ▶ 全学年　　難易度 ★★☆

伴奏者の「指揮が見えない，ちょっとどいて！」を何とかする

　学年演奏など大人数が舞台に乗る場合，舞台上に設置してあるピアノから，指揮者が見えづらいことがあると思います。指揮者の場所に「ポートボール台」などを置いて指揮の位置を高くしたり，指揮者とピアノ奏者の視線の間にいるステージ上の子どもにずれてもらったりすれば見えるのですが，客席側からはあまり見栄えがよいものではありません。

　そこで活用できるのが，小型のデジタルビデオカメラです。このビデオカメラを指揮者の前の低い位置に設置し，HDMI などの映像ケーブルをピアノのところまで這わせます（5 メートル以上の場合，増幅器が必要）。そしてピアノの譜面台脇に，液晶テレビを設置してケーブルをつなげると，テレビの画面に映る指揮を見ながら，演奏ができるようになります。

82 貴重な演奏体験を成功させる
ホールでの演奏

適した学年 ▶ 中～高学年 ｜ 難易度 ★★☆

子どもの主体性や意欲を高め，一生心に残る演奏体験に

　自治体によっては，年に１回程度，各学校の代表の子どもが，ホールなどの集会施設に集まり，合同の「音楽会」を開くところがあると思います。運営する教師にとっては毎年の恒例行事でも，参加する子どもにとっては，ホールで演奏する機会が「一生に一度あるかないか」という場合もあり，一生心に残るような貴重な演奏体験にしたいものです。

　そのためには，①ホールで演奏することで，普段あまり聴くことができない「響き」を体験できる，②たくさんのライトの光と聴衆の視線を浴び，緊張感を味わいながら真剣に音楽と向き合う場である，③学年・学級の団結力，努力の成果が短い演奏時間の中で発揮される場であり集中力を要すること，などを前もって話し，子どもたちが主体的かつ意欲的に準備に取り組めるようにしていくことが大切です。

83

気持ちよく演奏するために周到に準備する

ホールでの演奏成功へのプロセス

適した学年 ▶ 全学年　　難易度 ★★★

第46回

○○市 小・中学校音楽会

学校の代表、がんばろう！！

楽器をえんそうする時の並び方

えんそうの成功は君たちのはたらきにかかっている！！

楽器移動係　ステージに入るとき・出るときにやること表

楽器（担当）名（えんそうする場所）		楽器移動係		やること	
		難易度＋移動	楽器移動（人数）	ステージに入るとき⇒	⇒ステージから出るとき
ぶたい右	大木きん	○○	②○○、○○	（前の学校が使った）ステージ上の楽器を移動する	ステージ出口に楽器をはこぶ
	小木きん	○○	（自分で運ぶ）	（前の学校が使った）ステージ上の楽器を移動する	ステージ出口に楽器をはこぶ
	大鉄きん	○○	（自分で運ぶ）	（前の学校が使った）ステージ上の楽器を移動する	ステージ出口に楽器をはこぶ
	小鉄きん	○○	（自分で運ぶ）	（前の学校が使った）ステージ上の楽器を移動する	ステージ出口に楽器をはこぶ
ひなだん上	ティンパニ　大		（○○先生・○○先生）	ステージ入口から楽器をはこぶ	ステージ出口に楽器をはこぶ
	ティンパニ　中	○○	①○○	ステージ入口から楽器をはこぶ	ステージ出口に楽器をはこぶ
	ティンパニ　小		（○○先生）	ステージ入口から楽器をはこぶ	ステージ出口に楽器をはこぶ
	スネアドラム	○○	（自分で運ぶ）	（前の学校が使った）ひなだん上の楽器を移動する	ステージ出口に楽器をはこぶ
	バスドラム	○○	③○○、○○、○○	（前の学校が使った）ひなだん上の楽器を移動する	ステージ出口に楽器をはこぶ
	トリオ	○○	（自分で運ぶ）	ステージ入口から楽器をはこぶ	ステージ出口に楽器をはこぶ
	シンバル	○○	（自分で運ぶ）	ステージ入口から楽器をはこぶ	ステージ出口に楽器をはこぶ
ぶたい左	キーボード　1	○○	③○○、○○、○○	（前の学校が使った）ステージ上の楽器を移動する	ステージ出口に楽器をはこぶ
	キーボード　2	○○	③○○、○○、○○	ステージ入口から楽器をはこぶ	ステージ出口に楽器をはこぶ
	キーボード　3	○○	③○○、○○、○○	ステージ入口から楽器をはこぶ	ステージ出口に楽器をはこぶ
	バスオルガン	○○	①○○	ステージ入口から楽器をはこぶ	ステージ出口に楽器をはこぶ

リコーダー運び係→鍵盤ハーモニカの人（○○、○○、○○、○○、○○、○○、○○）

※やることは急に変わることがあります。先生の言うことをよく聞き、行動しましょう。

令和〇年度　6年〇組

♪〇〇市小中学校音楽会について♪

日　時：11月22日（木）12：50受付　13：10開会
　　　　　演奏時間：14：10頃（第2部6番目）
場　所：〇〇市文化会館　ホール

　さあ、いよいよ市内音楽会です。〇〇小の代表として一人ひとりがしっかり練習の成果を発揮できるよう、下のことに気をつけながら、気をひきしめて行動してください。

＜市内音楽会に行く前に＞

- 服　装…基本的に自由ですが、ジャージ等は音楽会にふさわしくありません。
- 持ち物…プログラム、リコーダー、鍵盤ハーモニカ（使う人のみ）、上ばき
　　　　　　→音楽袋に入れていきます。
- 雨　天…少しの雨なら傘でいいですが、どしゃぶりのようなら、雨かっぱがあった方がいいかもしれません。

＜行きと帰り＞
- 行きと帰りは徒歩で移動します。信号など、危険な場所での行動にくれぐれも気をつけてください。

＜座席での行動＞…市内音楽会は、演奏のひろうと同時に『音楽会のマナー』を学ぶ場です。

参加者全員が一致団結して，本番の演奏を成功させるという意識を

　子どもたちにとって，ホールでの演奏経験は初めての場合がほとんどです。本番緊張せずに実力を発揮するために，予め撮っておいた会場の写真をPowerPoint のスライドなどにまとめて映し，行動のイメージトレーニングをしておくとよいでしょう。

　また，合奏の場合，舞台への出入りを迅速に行い，前後の学校に迷惑がかからないようにする必要があります。予め「舞台行動予定表」を作成して学校の体育館などで舞台への出入りを含めたリハーサルを行い，全員の動きを確認して本番に備えておくとよいでしょう。

84 全校で歌う意義や価値を高める
年度ごとの学校音楽テーマ

適した学年 ▶ 全学年 ｜ 難易度 ★★★

> 夢　　　いのち
> 　宇宙
> 　　　　自然
> 友だち　　　　絆
> 地球　　感謝

年度ごとの『テーマ』にそって，「今月の歌」「音楽会の歌」を選ぶ

　年間を通し，大きなテーマを決めて「今月の歌」や「音楽会で各学年（学級）が歌う歌」などを選曲することで，子どもたちがテーマに共感して目的意識をもって歌ったり，音楽会や音楽朝会などでの全校の一体感を演出したりすることができます。

　テーマを選定する際のポイントは，①その時節の社会情勢や学校の状況，子どもたちの実態に即していること，②テーマにちなんだ曲を多く知っており，選曲しやすいこと，③低・中・高学年それぞれの発達段階に応じた難易度の曲があること，などです。

　例えばテーマを「夢」にした場合，その言葉が歌詞やタイトルに含まれている曲だけを選ぼうとすると限られてしまうので，英語の「ドリーム」を含め，「未来」「希望」といった，テーマを連想できる言葉の入った曲であれば，選んでも OK にすると選択の幅が広がるでしょう。

すべての学年が楽しめる歌をセレクトする
「今月の歌」の選曲方法

適した学年 ▶ 全学年 　　難易度 ★★☆

月	日	テーマ	今月の歌	主な対象 道徳との関連	月	日	テーマ	今月の歌	主な対象 道徳との関連
4月	16日	令和○年度 スタート 音楽朝会	○○○小学校校歌	全学年 郷土愛感謝	11月	26日	きせつを うたおう 音楽朝会	季節（秋）の歌	全学年 自然愛護
5月	28日	学校 テーマソング 音楽朝会	○○○○○○ （令和○年○○小テーマソング）	全学年 希望勇気	12月	17日	英語でうたおう 音楽朝会	クリスマスの歌（英語）	全学年 国際理解
6月	25日	運動会を もりあげよう 音楽朝会	運動会で歌う歌	全学年 希望友情	1月	28日	さむさを ふきとばそう 音楽朝会	低学年向けの歌	低学年 友情信頼
7月	16日	ともだちと うたおう 音楽朝会	中学年向けの歌	中学年 希望勇気	2月	25日	そつぎょうを いわおう 音楽朝会	6年生を送る会で歌う歌	高学年 友情信頼
9月	24日	手話で うたおう 音楽朝会	手話の歌	全学年 相互理解	3月	17日	きょうどを うたおう 音楽朝会	○○市歌・○○県歌	全学年 郷土愛
10月	29日	音楽会を 成功させよう 音楽朝会	音楽会で歌う歌	全学年 友情信頼					

校舎に歌声が響き渡る様子をイメージし，様々な観点で選曲する

　音楽集会を実施している学校では，毎月「今月の歌」を決めて，全校で歌っているところもあるかと思います。毎年，どんな曲を選んだらよいか悩むところですが，季節や学校行事などを考慮し，年度ごとや月ごとにテーマや対象学年を決めることで，選びやすくなります。

> **季節の歌**…季節にちなんだ童謡・唱歌を歌い，季節感を味わいます。
> **行事の歌**…運動会，音楽会，お別れ会など，全員で歌う場面がある行事に向けて練習します。
> **学年対象の歌**…低中高学年ごとに発達段階に応じた歌を選び，配置します（いずれかに偏ると，難しすぎたり簡単すぎたりしてしまいます）。
> **手話の歌・英語の歌**…福祉教育や国際理解教育などとの関連を図ります。
> **校歌・市歌・県歌**…社会科，生活科，道徳教育との関連を図ります。

86

音楽集会が盛り上がる
学年ごとの並び方

| 適した学年 ▶ 全学年 | 難易度　★☆☆ |

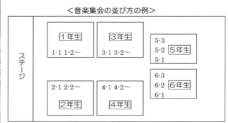

＜音楽集会の並び方の例＞

| ステージ | 1年生
1-1 1-2〜 | 3年生
3-1 3-2〜 | 5-3
5-2 5年生
5-1 |
| | 2-1 2-2〜
2年生 | 4-1 4-2〜
4年生 | 6-3
6-2 6年生
6-1 |

子どもたちが互いの音を聴き合いやすい並び方を考える

　音楽集会の学年ごとの並び方は，全校の子どもが一堂に会して音楽で楽しむという集会の趣旨を踏まえ，互いの音が聴きやすく，一体感を味わいやすい並び方にするとよいでしょう。いろいろな並び方が考えられますが，私の学校では，上の図のように，１・２年生，３・４年生が中央に向き合って並び，５・６年生が隣り合って前を向いて並ぶ，「コの字型」の並び方にしています。この並び方にすると，相対する学年が互いの様子を観察しながら歌うことができたり，３年生が１年生を，４年生が２年生を気遣いながら歌ったりすることができ，学年ごとの縦の関係を意識することができます。

　また，後方にいる５・６年生の芯のある歌声が，前にいる下級生の歌声を包み込み，体育館全体に響き渡る歌声がとてもまろやかになります。ステージ上に設置するスクリーンが見やすかったり，司会（指揮）者がフロアの中央を動き回って盛り上げることができたりすることも，大きな利点であると言えます。

ICT

87 教師や子どもの負担を少なくする
ワンオペによる音楽集会の盛り上げ方

適した学年 ▶ 全学年 　難易度 ★★★

ICT を「秘書」にして，音楽集会を一人でやりくりする

　ICT 機器を上手に活用することで，体育館での音楽集会も一人で運営することが可能です。助手や伴奏者がいるのがベストですが，ピアノの練習やリハーサルなど，教師や子どもの負担軽減を考慮する場合に有効な方法です。

①ステージ上に移動式スクリーン，フロアにプロジェクターを設置します。

②パソコンとプロジェクターを映像ケーブルでつなぎます。

③パソコンと体育館の放送機器を音声ケーブルでつなぎます。

④カーテンを閉めて，体育館の前半分を暗くし，映像を見やすくします。

⑤パソコンから，音楽集会で歌う歌の歌詞のスライドを流します。

・音源をスライドに添付し，再生と同時に音楽が流れるようにします。

・PowerPoint のリハーサル機能で自動でスライドが進むようにします。

　上記の準備によって，スライドの自動再生中は子どもたちの近くに寄り添い，指揮をして盛り上げながら，集会を進めることができます。

ICT

88

学校のテレビ放送で中止を克服する
テレビでの音楽朝会も面白い！

適した学年 ▶ 全学年　　難易度　★★★

みなさん、たちましょう

各教室のテレビで，いつもとは違った志向の音楽集会を楽しむ

　体育館で集会をすることが困難な状況（ウイルス感染防止，工事など）にある場合，もし各教室にテレビ放送ができる設備があるのであれば，「テレビ音楽集会」を開くのも一つの方法です。

　放送室の放送配信設備とパソコンなどをつなぎ，ライブもしくは録画して編集した映像を各クラスのテレビに流します。「今月の歌」など，全校で歌う曲は，予め PowerPoint などで歌詞入りのスライドを用意しておき，動画に変換して再生するか，ライブでスライドショーするとよいでしょう。各教室から聞こえてくる歌声を参考に（予想）しながら，司会のコメントを入れていくと盛り上がります。校外の音楽会に代表として参加した学年・学級や，クラブ活動の演奏の様子などを映すのも面白いでしょう。

89

愛されるクラブ・課外活動にする
校内理解・協力獲得法

適した学年 ▶ 全学年 　　難易度　★★☆

> 授業の延長線にクラブや課外活動を位置づけ，活動の意義を見いだす

　吹奏楽や金管バンド，合唱といった音楽系のクラブや課外活動を進めるうえで最も重要なのが，活動する意義や，校内での位置づけを明確にすることだと思います。「授業の中で音楽の素晴らしさを知り，さらに仲間とともに音楽を楽しみたいと思う子どもたちのために，活動の場を提供する」というように，「授業」の延長線にある教育活動であることを示すのです。

　音楽科の全体計画に明記したり，活動の目的を記した提案文書を作成したりするとよいでしょう。そして，粘り強く楽器の練習に取り組むことや，学年を越えて生まれる子ども間の心の絆が，子どもたちの豊かな人間性を育んでいくことを，管理職や担任教師，保護者などに積極的に伝えていきましょう。活動を通して子どもが変容していくことで，少しずつ理解や協力が得られるようになります。

90 学年を超えて高め合う
活動内の「絆」の育み方

適した学年 ▶ 全学年　　難易度　★★☆

> **学年を越えた自発的な活動が，豊かな人間性や社会性を育む**

　学校におけるクラブ・課外活動の大きな目的は，同じ嗜好をもった学年の違う子ども同士がともに活動して互いを高め合い，豊かな人間性や社会性を育むことです。上級生がリーダーシップを発揮し，いかに自主的な活動と下級生への技術伝達ができるようになるかが，良質な活動へと成長するための鍵となります。そのために部長・副部長だけでなく楽器や声部ごとのパートリーダー，あるいは部内係活動（楽譜係，チューナー係，譜面台係など）などを決め，あらゆる場面で上級生が下級生をリードする体制を整えます。

　上級生に憧れを抱いてきた下級生たちは，1年後にさらに高い志をもって次の後輩をリードするようになり，それが活動全体を活性化させるという，年度ごとの好循環を生み出していきます。年齢を超えて結ばれた音楽の絆によって，子どもたちは精神的に大きな成長を遂げることができるのです。

91 持続可能な活動をつくる
「ほどほど」マネジメント法

適した学年 ▶ 全学年 　 難易度 ★★★

部活動ガイドライン，働き方改革…健全な活動を保つには？

　令和の時代を迎え，小学校におけるクラブ活動や課外活動は，以前に比べてかなり活動しづらい状況になっていると言えます。教師のボランティア精神によって支えられてきたこうした活動は，現在の学校を取り巻く情勢の中では許容されにくくなってきていると言えるでしょう。

　しかしながら，こうした活動が子どもたちの学校生活に潤いを与え，学年を越えた心の交流を促進し，学校や地域の芸術文化を高める一翼を担ってきたことも確かです。学校において音楽が担う大事な役割として，今後活動を維持していくために大切なのは「ほどほど」に活動をすることです。時間や精神面で子どもを追い詰めるような活動の仕方ではこれからはもう理解されません。練習の効率化を図り，限られた時間を有意義な活動にしていきましょう。

92 子どもの言葉は宝の山
子どもの良質な発言の引き出し方

適した学年 ▶ 全学年　　難易度　★★☆

教師の優れた「発問」が良質な発言を生む

子どもの発言から良質な言葉を引き出すためには，教師がまず良質な「発問」をすることが大切です。

例えば，

「この曲を聴いてどう思いましたか？」

と尋ねるのと，

「この曲を聴いてどんな景色を思い浮かべましたか？」

と尋ねるのでは，返ってくる答えが変わるのは容易に想像できるかと思います。

回答が授業の目標を達成するためにどんな役割を果すのかを予め想定し，教師が意図した言葉が生まれやすいようにピンポイントで発問をするのです。

また，良質な言葉を引き出すために，思考の時間が必要な場合もあります。例えば，音楽を聴いた後で，

「この曲を聴いてどう思いましたか？」

と急に尋ねるのと，音楽を聴く前に，

「曲を聴いた後に，思ったことを誰かに発表してもらいます」

と念を押してから楽曲を鑑賞し，その後に，

「どう思いましたか？」

と尋ねるのでは，回答の質に違いが現れます。

音楽を聴きながらゆっくり思考して生み出される言葉の方が，より洗練されたものとなるのです。

93 見方を変えて本質を探る
落ち着かない子＝自己表現の豊かな子

適した学年 ▶ 全学年　　難易度 ★★★

落ち着きがない子は，意外と音楽が大好きなのかもしれない

　小学校には，様々な生育歴をもった子どもたちが入学してきます。それぞれに家庭があり，育てる親が違うのですから，皆一様でないのは当たり前です。また，ADHD や自閉症などに代表される発達障害をもった子どももおり，指導は年々難しさが増しているように感じます。

　こんな様々な子どもたちを相手に音楽の楽しさを伝えようとするのですから，中々に「容易ではない」のは当然です。

　ただ，落ち着きのない子に総じて言えることは，他の子より自己主張が強く，誰かに見ていてほしい，という意識が強い子です。

　このようなタイプの子は，音楽の面白さを伝え，その楽しさを知ると，メキメキと頭角を発揮し，学級，学年の音楽活動をリードする存在に成長することがあります。

　頭ごなしに「うるさい！」と叱りつけて行動を否定するのではなく，なぜそのような行動に至っているのかを探り，こちらの「味方」になるような，励ましの言葉かけをしていきたいものです。

94 うるさい！を何とかする
授業が騒がしいときのセルフチェック

適した学年 ▶ 全学年　　難易度 ★★☆

いろいろな原因が考えられるが…まずは謙虚に自分を疑う

　子どもたちがうるさくなる原因は様々です。問題を抱える子ども個人の行動によるものや，学級内の人間関係，教室環境に由来するものなど，考えられる原因はいくらでもあるでしょう。

　「○○なんだから，うるさいのは仕方がない」と諦めることは簡単なのですが，その前に…教師は「もしかしたら，原因は自分のやり方にあるのかもしれない」と考えるべきです。教師は経験を重ねれば重ねるほど，前のやり方がうまくいかず，思い通りに授業が進まないことを他の原因に転嫁して考えがちです。

　でも，「いや待てよ，そういえば…」と自分の授業の仕方をもう一度点検してみること，そして，そのときの子どもの状況に応じて柔軟に対応していくことが，教師が良質な授業を維持していくために重要なことなのです。このセルフチェックを十分に行ったうえで，他の原因に目を向けてみる，そうした「謙虚さ」を，教師はまず大切にしたいものです。

音楽の授業でうるさくなる原因を総チェック

　次に挙げる項目は，授業中子どもたちがうるさいな，と感じる状況でありがちなことと，その対策などをまとめたものです。

＜教師の教え方に関すること＞

（　　）教師の話は長くなっていませんか。一方的ではありませんか。

　　→長話は教師の職業病。話は短く，音楽活動をたっぷりと。

（　　）本時の学習の目標は明確で，子どもにわかりやすいものですか。

→「今日は何のお勉強をしたの？」に子どもがすぐ答えられるように…。

（　　）学習方法をきちんと明示していますか。

→何をどうすればいいのかを，具体的にわかりやすく伝えましょう。

（　　）学習につまずいている子どもを把握し，対策を講じていますか。

→全体の目標とは別に，個に応じた柔軟な学習目標を設定しましょう。

（　　）小言にいちいち耳を傾けていませんか。取捨選択していますか。

→揚げ足取りはスルー。光るつぶやきを聞き取る耳を持ちましょう。

＜学習環境に関すること＞

（　　）子どもたちの座席配置は適切ですか。

→おしゃべりが起こりにくいような配置を。重要人物は適材適所に。

（　　）子どもの個々の体に合った机や椅子を使用していますか。

→合っていないと姿勢が悪くなり落ち着かない原因に。すぐ調整を！

（　　）教室の前面に授業に必要のない掲示物などはありませんか。

→必要のないものは剥がし，戸棚にはカーテンをするなどの工夫を。

（　　）光や匂い，外部の音などに気を払い，ドアや窓，カーテンを閉めていますか。

→あらゆる刺激からできるだけ子どもたちを遠ざけ，音に集中できる環境を。

＜学級の学習規律に関すること＞

（　　）発言する際の約束事を決めていますか。

→発言は正しい言葉遣いで。挙手をしたら「ハイ！」は一回，など。

（　　）音楽の時間だけの，音に関する約束事を決めていますか。

→音を止めるハンドサインや，あるメロディを弾いたら次の行動へ移るなどの合図を決めましょう。

（　　）学級内に間違っても笑わない（許容する）雰囲気がありますか。

→どんな間違いにも寛容で，子どもたちがのびのびと表現できる学級の雰囲気づくりを。

時には毅然とした態度を。でもその後には…
95 子どもに伝わる「叱り方」

適した学年 ▶ 全学年　　難易度 ★★☆

決して感情的にならずに，子どもを「諭す」

　楽しく授業を進めようとすると，調子に乗った発言や行動をする子が必ず現れます。

　そんなときにまず大切なのは，決してその子の方を見ず，また自分の話を止めないで，そうした発言や行動は基本的に授業の流れに取り入れない，という姿勢を堅持することです。

　そして，あまりに調子に乗っている場合には，無言のまま真剣な眼差しで，相手の目を直視します。先生のもつ眼力が鋭ければ鋭いほど，普通の子どもはここでたじろぎますが，それでもやめない場合は，感情的ではない厳しい口調で指導します（実際には頭にきますが，そこは大人。アンガーマネジメントを思い出し，冷静に6秒数えて深呼吸です）。

　その際，必ずなぜ指導されているのか，理由を明確に示すこと，そして，周りの子たちには，その子の行為によって楽しいはずの音楽が台なしになってしまったことについて同意を求めます。クラスの秩序を乱すような発言や行動は，たとえ楽しい音楽の授業の中でも決して認めない，という教師の毅然とした態度を示しましょう。

　でも（ココが重要です）必ず後でその子だけを呼んで，1対1で仲直りをしてくださいね。

　また，担任教師に必ず授業中の様子を報告し，共通理解を図って以降の指導にあたるようにしましょう。

96 他学年との交流の仕方

上級生への憧れが学校の音楽文化をつくる

| 適した学年 ▶ 全学年 | 難易度 ★★☆ |

> **上級生の演奏を聴く機会を増やし，よいところをできるだけ褒める**

　上級生の活躍する姿に "憧れ" を抱くことは，校内に伝統的な音楽文化を築いていくうえでとても大切です。低学年のうちに上級生の音楽活動を聴く機会を多くもつことで，自分が上級生になることを楽しみにできるようにしたいものです。その際，教師はできるだけ上級生を褒めることを大切にします。演奏のよさはもちろん，演奏そのものはあまり芳しくなかったとしても，「指揮を見る目がとても真剣だったよね」「姿勢がよくて，とってもかっこよく見えたね」など，よいところを見つけて紹介するとよいでしょう。

　逆に上級生側から見てもこの機会から得られる効果は絶大です。初めは弟や妹たちを前にして，恥ずかしがる子もいますが，それもほんの一瞬。低学年からの熱い視線と演奏後の大きな拍手を浴びたら，得意満面，鼻高々です。ぜひ，また歌ってみたい！　もっと上手に演奏したい！の声は，音楽を披露する高学年の子どもたちから出るかもしれません。

97 千差万別な子どもを理解する
小梨流，子どもとの接し方

適した学年 ▶ 全学年　　難易度　★★☆

教師が育む子どもは，未来を支える大切な「神様」

　学校で毎日出会う子どもたちとどのように接し，育てていくべきか，教師を始めて間もない頃はいろいろ考えるものです。私は子どもを「八百万の神様の一人」と考えて接するようにしています。言葉遣いが悪い子，忘れ物が多い子，表情がなかなか変わらない子…八百万の神様のように子どもの個性は千差万別で，そう簡単に自分の言うことを聞いてはくれません。

　焦らず，敬い，育てていけば，きっと自分の思いを受け入れてくれるようになると信じるのです。子どもの言葉を決して軽んじず，誠実に耳を傾けること，子どもと喜怒哀楽をともにすること，そして，子どもの願いが叶うようにできる限りの努力をすること…こんなことを繰り返していけば，きっと子どもは微笑み返してくれるようになります。神様と心を通わせる…教師はやはり，「聖職」なのです。

98 音楽がもつ力を皆で共有する
校内教職員との上手なかかわり方

適した学年 ▶ 全学年　　難易度　★★☆

ギブ・アンド・テイクの関係で，学校の音楽文化を育む

　校内には個性豊かな先生が大勢います。中には，歌やピアノなどの楽器の演奏経験がある先生もいらっしゃるでしょう。逆に音楽自体に苦手意識があり，助けを求めている先生がいるかもしれません。管理職や教務主任，学年主任の先生を中心に職員室内でフランクに話せるような雰囲気をつくり，各々の先生の個性を把握しながら，ギブ・アンド・テイクの関係で，互いの持ち味を生かして指導にあたることが大切です。音楽的な特技がある先生には，授業にゲストティーチャーとして参加してもらったり，音楽発表会でゲスト出演してもらったりするということもできるでしょう。

　逆に，そのようなお願いを他の先生からされたときは，無下に断らず，自分のできる範囲で積極的にお手伝いしましょう。このような中で生まれる様々な先生との「絆」は，長い教師人生の大きな糧となっていくものです。

地域や学校の音楽文化を支える

99 保護者・地域人材の生かし方

適した学年 ▶ 全学年 　 難易度 ★★☆

地域全体で学校の音楽文化を支えるための「絆」づくりを

　学校に通う子どもの保護者や地域の住民の中には，プロ・アマチュアを問わず，何らかの形で音楽を楽しみ，豊富な知識や卓越した演奏技能をおもちの方がいらっしゃいます。その人たちに学校にお越しいただき，授業やクラブ活動などの教育活動への参加を通して，学校音楽文化の活性化のためにお力添えいただけるようになるとよいでしょう。教師の業務改善の視点からも，地域人材の活用は今後ますます重要となります。

　具体的な招聘活動の例として，次のようなものがあります。

- ・歌や楽器が得意な保護者や地域の方，あるいは演奏団体を招聘し，演奏を鑑賞する。また，その人たちの演奏の中に，子どもが簡単な演奏で加わる。
- ・地域の伝統芸能を継承する人たちに音楽を紹介してもらい，演奏を鑑賞したり，一緒に演奏を体験したりする。

100 校外にアンテナを張り，アクションを起こす
音楽教師スキル向上法

適した学年 ▶ 全学年 ｜ 難易度 ★☆☆

教師としての魅力を高めるために，絶えず自己研鑽を

　音楽担当の教師はどうしても校内で孤立しがちです。教師としてスキルアップしたいのであれば，校内で悶々と受け身で構えているのではなく，積極的に教育書や教育雑誌を購読したり，地域や全国各地で開催される研修会に参加したりしましょう。研修会には同じ悩みをもった先生が多く集まります。終了後に懇親会が開かれ同年代や先輩の先生とざっくばらんに話せたり，業者が楽器や楽譜の展示や即売をしたりすることもあり，得られる収穫はとても多いです。また，よりアカデミックに授業を学びたいのであれば，学会に所属して研究者たちの論文などに触れるという手もあります。

　現在日本にある学校音楽教育関連の学会には，「日本音楽教育学会」「日本学校音楽教育実践学会」「日本ダルクローズ音楽教育学会」「音楽学習学会」などがあります。現状に満足せず自己を高め続けられる教師でありたいものです

おわりに

　本書を書き始めた令和元年には，コロナ禍によって翌年の世界がこんなに大きく変化してしまうとは想像もつきませんでした。

　現在（令和2年7月）も感染が広がりを見せる中で，子どもたちが楽しみにしている，音楽にかかわる様々な行事が中止となりました。

　新しい学習指導要領が動き出したにもかかわらず，授業では歌唱や器楽の活動を中心に，予定されていた指導計画や評価が正常に行えない状態が続いています。

　このように，現在はまさに戦後初めて経験する「音楽科教育最大の試練」ともいうべき状況ですが，逆にこの未曾有の事態を，

　「災い転じて福と為す」

とするならば，今までの音楽科教育の在り方を見つめ直し，新しい価値を生み出すよい機会と捉えることもできます。

　Before コロナの世界で多くが生まれた本書の様々なアイデアも，

　「この内容は果たして本当に有益で，これからの時代に必要なものなのか？」

という視点で捉え，皆様のアレンジによってより深まりのある実践に進化させていただければ大変嬉しいです。

　未来は予測不能であり，コロナという嵐がいつ過ぎ去るかは誰にわかるものでもありません。

　明らかなのは，私たち教師にとっては毎年の繰り返しの中の出来事であっても，子どもたちにとっては，

　「一生に一度の小学生」

を送っている，人間形成まっただ中での出来事であるということです。

教育の機会が失われることによって，開花するはずの子どもたちの能力を
つぼみのまま見過ごさなければならないのであれば，教育者としてこれ以上
悲しいことはありません。

　もし皆様が，限られた条件の中で目の前の子どもたちのために何ができる
のかを本気で考えようとしたとき，本書に記された100のアイデアのどれか
一つでもお役に立てるものがあるならば，著者としてこれ以上の喜びはあり
ません。

　そして，皆様をはじめとする多くの人々の英知と努力によって，コロナと
いう巨大災害によって小さくなった学校音楽教育のともし火が，再び明るく
燃えさかる炎になる日が来ることを願ってやみません。

　先の読めない不安な時代だからこそ，子どもたちの心に潤いや安らぎをも
たらす音楽の力が必要です。

　これからも，先人の知恵を活かしつつ，時代とともに進化を遂げる様々な
教育技術を積極的に取り入れながら，子どもたちに音楽の素晴らしさを伝え
るためのステキなアイデアを，ともに生み出していきましょう‼

　最後に，本書の企画，出版に至るまで，私の拙い文章をまとめるためにご
尽力くださった，明治図書元担当の小松由梨香様，現担当の赤木恭平様，ま
た，普段私を支えてくださるすべての皆様に，心より感謝を申し上げます。

小梨　貴弘

【著者紹介】

小梨　貴弘（こなし　たかひろ）

1972年東京都出身。東京都立竹早高等学校，武蔵野音楽大学音楽学部器楽科（ホルン専攻）を経て，文教大学教育学部中等教育課程音楽専攻卒業。現在，埼玉県戸田市立戸田東小学校教諭。埼玉県公立学校教員として着任以来，小学校7校で学級担任，音楽専科教員として勤務。日々の授業や吹奏楽部の指導をこなす傍ら，ICT機器の活用やアクティブ・ラーニング，授業のユニバーサルデザイン化といった，先端の教育技術の実践研究を進める。平成27〜29年度に，文部科学省国立教育政策研究所実践研究協力校授業者として年数回，教科調査官の訪問を受け授業を提供。文部科学省編『初等教育資料』平成29年1月号に実践論文を掲載。また，「小学校音楽科におけるタブレット端末を活用した指導法の開発」が平成29年度科学研究費補助金奨励研究となる。著書『こなっしーの低学年だからできる！　楽しい音楽！』『音楽科教育とICT』（ともに音楽之友社）をはじめ，雑誌などでの実践記事掲載多数。平成28年度戸田市優秀教員表彰，平成29年度埼玉県優秀教員表彰，平成30年度文部科学大臣優秀教職員表彰。音楽教育勉強会「音楽教育駆け込み寺」サブアドバイザー，日本音楽教育学会会員，日本電子キーボード音楽学会会員。

音楽科授業サポートBOOKS

こなっしーの音楽授業をステキにする
100のアイデア

| 2020年10月初版第1刷刊 ©著　者 | 小　　梨　　貴　　弘 |
| 2024年7月初版第4刷刊　発行者 | 藤　　原　　光　　政 |

発行所　明治図書出版株式会社
http://www.meijitosho.co.jp
（企画）小松由梨香・赤木恭平（校正）赤木恭平
〒114-0023　東京都北区滝野川7-46-1
振替00160-5-151318　電話03(5907)6701
ご注文窓口　電話03(5907)6668

組版所　中　央　美　版

＊検印省略

Printed in Japan
JASRAC 出 2006059-102
ISBN978-4-18-316914-3

もれなくクーポンがもらえる！読者アンケートはこちらから

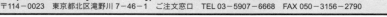